ÉTUDES

SUR

LES ASSURANCES

ASSURANCES

SUR LA VIE

PAR

EUGÈNE REBOUL

AVEC UNE PRÉFACE

PAR M. ALFRED DE COURCY

« L'Assurance sur la vie est la fortune
de ceux qui n'en ont pas. »

« C'est la seule garantie efficace des enfants et des veuves contre la pauvreté. »

CINQUIÈME ÉDITION
Revue et corrigée

PARIS

L. HACHETTE ET Cie, LIBRAIRES
77, BOULEVARD SAINT-GERMAIN.

1865
Tous droits réservés

PRÉFACE

En 1836, je publiais la traduction d'un ouvrage qui était déjà classique en Angleterre, et
qui traitait spécialement, mais à un point de
vue exclusivement scientifique, la question des
assurances sur la vie [1]. Ce sujet, à peine ef-
fleuré par quelques illustres mathématiciens
français, était bien ignoré parmi nous. Quant
à l'institution même dont la science avait posé
les fondements, on cherchait péniblement à
l'édifier en France, au milieu de l'indifférence
publique. Je pouvais dire au frontispice de mon
travail : « Peu connues ou mal appréciées, les
assurances sur la vie ont langui dans une
stagnation presque complète, sans que personne songeât à leur faire prendre le rang qui
doit leur être assigné dans les institutions utiles
d'une nation. » J'ajoutais, à la vérité : « L'in-

---

1. *Théorie des annuités viagères et des assurances sur la
vie,* par Francis Baily.

souciance à cet égard doit avoir un terme. Une institution bonne en elle-même, et éprouvée par l'expérience éclairée des autres nations civilisées, doit triompher tôt ou tard des obstacles que l'ignorance et l'imprévoyance opposent à ses progrès, et rencontrer un jour la faveur qui, dans les États voisins, s'est attachée à ses premiers débuts. »

Un quart de siècle après que je traçais ces lignes, j'aurais pu les reproduire sans y rien changer. Et pourtant, un immense mouvement économique s'était par ailleurs développé dans notre pays. Frappé d'une si persistante insouciance, revenant, avec la conviction d'un sentiment profond, à l'objet de mes premières études dont m'avaient détourné d'autres travaux, j'essayais de venger d'injustes dédains une des créations les plus bienfaisantes de l'esprit d'association. En 1861, je pouvais écrire encore : « Les assurances sur la vie ne sont pas entrées dans nos mœurs, elles demeurent même à peine connues, mal comprises, confondues avec des opérations toutes différentes, à ce point que, voulant exposer, pour des lecteurs français, les prodigieux développements de l'institution dans un pays voisin, je ne me crois pas dispensé de dire en quoi elle consiste. »

Toutefois, non découragé par un long insuccès, plein de confiance au contraire dans le triomphe final d'une idée juste, je constatais les symptômes d'un certain mouvement progressif, et j'ajoutais : « *Ce mouvement, on n'en doit pas douter, s'accélérera*, et les hommes des professions lucratives reconnaîtront en France, comme en Angleterre, comme en Allemagne, où l'institution a fait des progrès rapides, que c'est pour eux un intérêt pressant, *souvent un devoir*, d'en assurer le bienfait à leurs familles. »

Les symptômes que j'avais cru remarquer n'étaient pas trompeurs. Dès l'année suivante, l'institution se propageait avec une force d'expansion jusqu'alors ignorée. On voyait, dans quelques villes, les principaux chefs d'industrie, obéissant à la plus louable des impulsions, recourir tous à la fois au contrat protecteur de la stabilité des familles, et mettre en commun les nobles épargnes de la sollicitude paternelle. L'exemple gagnait de proche en proche et devenait contagieux; la faveur succédait aux dédains.

L'ouvrage qu'on va lire, et dont un journal avait reçu la première communication, a certainement contribué à produire ce mouvement, qu'il est destiné à rendre de plus en plus rapide. Par égard pour l'antériorité de mes travaux, l'auteur a désiré que j'en fusse, dans sa forme actuelle, l'introducteur devant le public. Je le remercie de cette pensée délicate, qui associe au succès que je ne crains pas de lui présager mes efforts longtemps infructueux. Le moment est propice, et le semeur trouvera une terre bien préparée.

Je cède donc avec confiance la continuation de ma tâche à M. Eugène Reboul. Il est jeune, ardent, sincère ; il a cette puissance entraînante que donne le talent mis au service d'une conviction généreuse. Il s'est rendu maître d'un sujet où, par un privilége peut-être unique dans les questions d'affaires, la chaleur du cœur s'allie si bien à la pénétration de l'intelligence.

M. Reboul connaît à fond les appuis scientifiques et la portée philosophique des assurances sur la vie ; il démontre clairement les bienfaits sociaux des applications qu'elles renferment. Il a été heureusement inspiré d'attacher son nom au triomphe, désormais assuré, de cette institution qui, comme il le dit quelque part, « s'adresse aux deux plus puissants ressorts de notre nature : à nos intérêts et à nos affections, » institution merveilleuse, dont l'algèbre a posé les bases, et dont la morale forme le couronnement.

ALFRED DE COURCY.

DES
ASSURANCES
SUR LA VIE

INTRODUCTION

Étonné de la prodigieuse variété de connaissances que renferment les romans de Walter-Scott, quelqu'un lui demandait un jour où il avait pu puiser tous ces détails techniques, toutes ces observations curieuses qui font de ses plus longues descriptions une lecture attachante. — « J'aime beaucoup voyager, dit-il, et quel que soit le compagnon de voyage que le hasard me donne, je le fais parler de son métier : je suis toujours sûr d'apprendre quelque chose... » Eh bien ! je prie le lecteur de vouloir bien faire comme sir Walter-Scott, et de me permettre de l'entretenir un peu de mon métier.

De l'étude approfondie des assurances sur la vie est résultée pour moi la conviction entière qu'il n'existe dans leur organisation aucun vice radical, aucune imperfection essentielle qui puissent expliquer le préjugé qui s'attache à elles, et l'indifférence à laquelle elles paraissent vouées chez un peuple que l'on regarde avec raison comme le plus avancé dans la voie du progrès social.

La France est, en effet, le seul pays civilisé où les assurances sur la vie n'aient pas été comprises; aujourd'hui, après un demi-siècle d'existence, il semble qu'elles y soient encore tolérées plutôt que définitivement adoptées, quand ce sont elles qui doivent, comme chez nos voisins, devenir l'une des bases du crédit et l'un des principaux éléments de la prospérité publique.

Cette institution, qui s'adresse aux deux plus puissants ressorts de notre nature, je veux dire, à nos intérêts et à nos affections; qui a pour but d'arracher l'homme à l'incertitude du sort, de développer en lui l'ordre, l'économie, la prévoyance, et pour résultat de créer d'immenses richesses; une pareille institution, dis-je, est éminemment utile; elle est profondément morale et civilisatrice! — Je ne crains pas d'être taxé de témérité en affirmant qu'elle est marquée pour le progrès, et que la défiance ne prévaudra pas longtemps contre elle.

L'assurance fera époque dans l'histoire de l'humanité, comme une des plus glorieuses étapes de la civilisation; c'est l'avénement dans l'ordre économique de la Mutualité, loi de paix et de justice proclamée depuis dix-huit siècles ! C'est la raison humaine qui arrive enfin à la réalisation de l'une des données évangéliques !

L'importance, l'étendue, la nécessité des services que les assurances sur la vie sont appelées à rendre à l'individu, à la famille, à la société et à l'État, les élèvent à la hauteur d'une institution d'intérêt public.

Elles ont complétement réussi en Angleterre ; pourquoi ne réussiraient-elles pas aussi bien en France, où la division des fortunes se prête mieux à leur application, où les Compagnies offrent d'ailleurs plus de garanties et de meilleures conditions ?

Ce qui leur manque chez nous, c'est la discussion, c'est le grand jour, c'est surtout la sanction toujours désintéressée et impartiale de la science, qui seule peut leur attirer l'attention et la confiance du public, parce qu'elle est pour lui une souveraine garantie ; or, en matière d'*assurance*, le public a droit à toute espèce de garantie.

Il faut que la lumière se fasse et que toute confusion disparaisse. L'assurance n'est ni un jeu ni une loterie : c'est précisément le contraire. Le jeu opère sur le hasard, l'assurance opère contre le hasard. — On voit la différence, et quelle déplorable erreur on a commise à l'origine, en assimilant les assurances sur la vie à des gageures ! Malheureusement, beaucoup de gens sont dupes des mots, et très-peu approfondissent les choses.

Le nom de contrat aléatoire a tout gâté : on n'a vu dans l'assurance qu'une espèce de spéculation, une variété du jeu, et l'on a condamné sous le même nom le mal et le remède, le poison et le contre-poison. Étrange confusion ! Car l'assurance, et c'est là un de ses caractères les plus saillants, ne peut jamais devenir abusive, tandis que rien ne peut empêcher la spéculation de dégénérer en pari, en jeu pur et simple.

Aujourd'hui, la loi se tait, la science se tait, l'autorité se tait, et l'on s'étonne que le public se taise aussi, qu'il reste indifférent ! On se plaint que les assurances sur la vie lui soient antipathiques ! Je comprends qu'il ait en effet peu de sympathie pour elles : on n'a pas d'affinité pour ce qu'on ne connaît pas, *ignoti nulla cupido.* — En France, on connaît le jeu, la loterie, les tontines, la spéculation ; mais les assurances sur la vie... à coup sûr, on ne les connaît pas.

Encore une fois, il faut que la lumière se fasse ! A ce prix, le succès est infaillible ; car une institution aussi utile, aussi avantageuse aux mœurs, et « éprouvée d'ailleurs par l'expérience éclairée des autres nations civilisées, » doit nécessairement triompher de tous les préjugés et de tous les obstacles ; le bon sens l'indique, la logique le proclame, la raison l'exige. Or, en France, le bon sens, la logique et la raison doivent finir par avoir raison.

Faire ressortir les avantages des différentes

combinaisons d'assurances sur la vie, faire apprécier tout le parti qu'on en peut tirer, au point de vue de la famille, du crédit, des liquidations, etc..., et, puisque leurs bienfaits doivent se répandre sur tous, mettre à la portée de tous, leurs principes, leur mécanisme, leurs applications : tel est le but que nous nous proposons.

Mais il ne suffit pas de proclamer les bienfaits de l'assurance, d'affirmer la moralité de l'institution, la haute portée philosophique de son principe ; il ne suffit pas de dire en passant que les transactions viagères sont des affaires parfaitement honnêtes, loyales et sûres, qu'elles sont avantageuses et satisfaisantes pour tout le monde et sous tous les rapports, qu'elles créent des valeurs, qu'elles servent l'État et la société en augmentant la sécurité, l'ordre, la moralité, la richesse, en s'opposant aux excès de la mobilisation, aux abus de la spéculation, etc., etc. Il faut mettre toutes ces vérités hors de doute, les répandre, les publier sous toutes les formes, et puisque la répétition — comme le disait Napoléon Ier — est la figure de rhétorique la plus puissante, il ne faut cesser de les répéter que lorsqu'on aura cessé de les méconnaître.

Notre tâche, comme on voit, ne manque ni d'importance ni de difficultés ; il ne s'agit de rien moins que de faire avancer une idée qui est fort en retard sur les autres éléments de civilisation et de progrès.

— **Faire avancer** une idée, dira-t-on, autant vaudrait se proposer, comme Mahomet, de faire avancer une montagne !

Voici ma réponse :

Des efforts bien dirigés, surtout dirigés avec ensemble et suffisamment répétés, peuvent triompher des plus grosses difficultés, même de l'indifférence en matière d'assurances.

Unissons nos efforts. Le moment est favorable. Aujourd'hui plus que jamais, on peut espérer voir les assurances sur la vie sortir de la stagnation, et prendre enfin le rang qui leur est assigné parmi les institutions utiles d'une grande nation. L'opportunité d'une réforme est manifeste : aux enivrements de la spéculation, à la fièvre du jeu, doit succéder le régime salutaire du travail, de l'économie, de la prévoyance, seules véritables sources de prospérité. L'anarchie industrielle a dispersé les intérêts; c'est à l'assurance de les rallier. Le sauve qui peut doit enfin faire place à la solidarité.

Nous étudierons avec soin la constitution et la fonction des Compagnies d'assurances. Il faut que l'on voie de près leur mécanisme et qu'on puisse se convaincre que toutes leurs opérations reposent sur des données certaines et sur des calculs rigoureux. Ces calculs résultent de l'application aux lois de la mortalité, d'une vaste théorie analytique, fruit des immortels travaux des Pascal, des Fermat, des Bernoulli, des Euler, des Laplace, des d'Alembert, des Condorcet, etc., etc.

C'est cette admirable théorie, née en France, et qu'un célèbre géomètre a définie « le bon sens réduit en calcul, » qui nous apprendra que la solidité d'une Compagnie, dont les tarifs sont établis sur des bases normales, augmente avec le nombre des risques assumés par elle; en d'autres termes, que des milliers de souscripteurs sont une meilleure garantie que les millions du capital social; que ce capital n'étant pas nécessaire, la garantie, dans l'hypothèse la plus défavorable, doit rester plus que suffisante pour rendre toute faillite impossible; c'est encore elle qui nous montrera comment une Compagnie doit choisir, diviser et équilibrer ses risques; comment elle peut se rendre compte de sa situation, et comment se forment ses bénéfices; comment enfin, par la réduction progressive de l'élément aléatoire dans ses opérations, elle tend sans cesse à se transformer en une véritable banque, avec cette différence qu'elle n'a rien à redouter des crises financières, ni des crises politiques, ni même des fléaux qui accroîtraient la mortalité dans une proportion énorme. C'est alors qu'une Compagnie d'assurances sur la vie, bien organisée et qui fonctionne régulièrement, nous apparaîtra comme la machine financière la plus admirable, la mieux conçue et la plus solide qu'il y ait.

Nous espérons rendre cette situation tellement claire, tellement limpide, que, dans l'esprit de l'homme le plus prévenu, il ne puisse pas même rester l'ombre d'un **doute sur la** fidèle exécution des engagements contractés envers lui, quelque éloigné qu'en soit le terme.

Veut-on une preuve de cette solidité? — je me trompe, moins qu'une preuve, un signe, mais il est frappant, et je croirais faire tort à la perspicacité du lecteur si j'ajoutais un seul mot : — toutes les notabilités financières figurent dans les assurances, et y ont engagé des capitaux énormes.

Passant en revue les différentes manières de placer son argent, nous ferons voir que les assurances sur la vie constituent un des placements les plus sûrs et les moins connus, et que ce placement est celui de tous qui convient le mieux au plus grand nombre de personnes, parce qu'il se plie mieux que tout autre aux différentes conditions sociales, et qu'il est accessible aux plus petites comme aux plus grosses épargnes.

Pour se faire une idée de la véritable portée économique des assurances sur la vie et de l'*exagération* à laquelle nous nous sommes laissé entraîner en disant *qu'elles créent des valeurs*, il suffit d'ouvrir le catéchisme d'économie politique de J.-B. Say.

«— D. Quelle est la source unique des capitaux?
— R. L'épargne. »

Or, les assurances sur la vie peuvent se définir la *solidarisation des épargnes*, c'est-à-dire l'épargne sous sa forme la plus féconde, l'épargne élevée à sa plus haute puissance ! — Mais ce sont là, dira-

t-on, de vaines théories économiques, de brillan-
tes hyperboles, et au fond, de pures abstractions ;
car en réalité... — Voici la réalité ! Qu'on dise si
j'ai exagéré, et si l'assurance est une chimère !

Il y a en Angleterre quatre milliards qui n'existeraient pas sans les assurances.

Quatre milliards !... de quoi assurer des moyens
d'existence à quatre cent mille familles.

Étonnerai-je maintenant bien des lecteurs quand
je dirai qu'il y a toute une organisation du crédit
dans les assurances sur la vie ? Cette théorie ne
peut trouver place ici ; mais on me permettra d'en
indiquer d'avance quelques principes sous forme
d'axiomes :

— Tout crédit motive une assurance.

— La mort doit être la prescription naturelle
des dettes.

— A moins d'être refusé par l'Assurance, personne n'a le droit de mourir insolvable, etc.

Toutes les institutions de crédit sont intéressées
à la prospérité des assurances. Nous verrons comment le Crédit foncier, entre autres, peut donner
une immense extension à ses opérations en leur
appliquant l'amortissement viager, c'est-à-dire,
en substituant aux annuités fixes les annuités viagères. Les emprunts de l'État ont popularisé la
rente ; les prêts du Crédit foncier sont appelés à
populariser les assurances sur la vie.

Si l'assurance est un devoir impérieux pour le
chef de famille, elle est d'un intérêt capital pour

le chef d'industrie sur la tête duquel repose souvent en entier le sort d'une vaste entreprise. —
Évidemment, si tous ceux qui usent du crédit,
soit comme créanciers, soit comme débiteurs, savaient le parti qu'ils peuvent tirer des assurances
sur la vie, les ressources et les garanties nouvelles qu'elles peuvent leur procurer, les pertes de
toute espèce qu'elles peuvent leur éviter et la confiance qu'elles méritent, il n'en est pas un qui n'y
eût recours à chaque instant.

La confiance !... voilà le point délicat !... Beaucoup de gens, en effet, apprécient très-bien les
avantages des assurances, ne doutent pas de leur
utilité en principe.... Mais ils ne *pratiquent* pas..
C'est la confiance qui leur manque !

— « Je pratiquerais, si j'avais la foi, » disait un
incrédule à Pascal ; — « Pratiquez, et la foi vous
viendra, » — répond le célèbre penseur, et il
ajoute : « Je ne puis pas vous donner la foi qui
vous manque, mais vous pouvez bien quitter vos
habitudes et éprouver si ce que je vous dis est
vrai..., etc. »

A cette simple leçon de bon sens, je ne vois rien
à ajouter, ni rien à répliquer ; mais « les preuves
ne convainquent que l'esprit, et la coutume fait
nos preuves les plus fortes. » Il faut donc s'attendre à voir encore beaucoup de gens manquer de
foi et se laisser mourir en vue de la terre promise.

Mais que dire à ceux qui prétendent que l'assurance n'est pas dans nos mœurs !

Ne pourrait-il pas se faire qu'elle y fût sans qu'on s'en doutât? — En y regardant de près, je crois qu'elle y est, en effet, car je la trouve un peu partout; seulement, elle n'est pas toujours dégagée, et on ne la voit pas. M. Jourdain non plus ne se doutait pas que la prose fût dans ses mœurs.

Sans parler de la Caisse des retraites et des Sociétés de secours mutuels, qui sont de véritables assurances, une banque, au fond, est-elle autre chose qu'une entreprise d'assurances? Qu'est-ce que la Banque de France en particulier, si ce n'est une Compagnie d'assurances qui, avec un capital de quatre-vingt-dix millions placés sur l'État, garantit trois ou quatre milliards de transactions annuelles?

Enfin, la société tout entière ne forme-t-elle pas une vaste assurance?

L'intérêt, c'est-à-dire le loyer de l'argent, est par lui-même sujet à peu de fluctuations; ce qui varie dans les escomptes, dans les reports, dans les contrats à la *petite* ou à la *grosse* aventure, en un mot, dans toutes les transactions à intérêt, extra-légal, c'est précisément l'excès de cet intérêt prétendu *usuraire* sur le taux légal, excès qui n'est autre chose qu'une prime d'assurance que l'emprunteur paye au capitaliste pour l'indemniser des risques qu'il lui fait courir. — Cette considération, par parenthèse, simplifie notablement la question de l'usure.

Le billet de circulation, avec ses endos successifs : — espèce d'ébauche grossière d'assurance de solvabilité.

La surtaxe que nous payons à la poste pour une lettre chargée : — prime d'assurance en cas de perte des valeurs déclarées, etc., etc.

Il existe, à notre connaissance, plusieurs moyens de faire prendre l'essor aux assurances sur la vie ; nous croyons notamment qu'on peut, sans passer par l'État, commander la confiance, et donner définitivement à ces opérations le crédit inébranlable dont elles jouissent à juste titre chez nos voisins.

Concluons :

Aujourd'hui, en France, les assurances sur la vie semblent être le privilége de quelques gens bien avisés ou bien informés ; il faut, si je puis ainsi dire, qu'elles deviennent le privilége de tout le monde.

CHAPITRE Ier

DU PRINCIPE DE L'ASSURANCE.

Un vieil adage, qu'il faut faire remonter au moins à Pythagore, dit que les nombres gouvernent le monde, « *mundum regunt numeri.* » — Un autre adage non moins vieux dit que c'est le hasard qui gouverne le monde, et le plus illustre fataliste des temps modernes a même ajouté, avec une singulière énergie d'expression, « qu'il est le seul roi légitime dans l'univers. »

Lequel de ces deux adages a raison?... Où est la vérité? — La vérité est qu'ils ont tous deux tort et tous deux raison... Ils ont raison en ce qu'ils affirment; ils ont tort en ce qu'ils nient; ils ont tort parce qu'ils sont exclusifs. Au fond, il faut y voir la même signification; car aujourd'hui la théorie mathématique du hasard, *la géométrie du hasard*, comme l'appelle Pascal son inventeur, nous apparaît comme l'application la plus vaste de la science des nombres, celle qui justifie le mieux l'adage : « *Mundum regunt numeri.* »

Le hasard se mêle à toutes les affaires de ce monde ; il a régné sans partage pendant cinq mille ans ; mais depuis deux siècles, Pascal aidant, les nombres ont commencé à le détrôner.

Comment les nombres peuvent-ils détrôner le hasard ? Que signifie cette métaphore ? Est-ce une vérité ou un jeu d'esprit ?

On va en juger : disons seulement que cette *éviction* du hasard par les nombres se traduit par une opération bien connue, à en juger par son nom : on l'appelle ASSURANCE.

L'ASSURANCE, c'est l'*élimination du* HASARD *dans les entreprises humaines*.

Un exemple va éclaircir cette définition, en nous montrant le *hasard* chassé, pour ainsi dire, pied à pied par les nombres, et finalement détrôné par l'*assurance*.

Un négociant veut faire passer toute sa fortune en Amérique ; il en charge un seul vaisseau... Si le *Hasard veut* que ce vaisseau périsse, voilà un homme ruiné.

A la vérité, le risque est médiocre ; admettons qu'il soit de *un pour cent*, c'est-à-dire qu'on ait observé qu'il périt, en moyenne, un bâtiment sur cent dans cette traversée.

Il y a pour le négociant quatre-vingt-dix-neuf à parier contre un que le vaisseau qui porte sa fortune arrivera à bon port ; — soit, mais cela dépend du hasard. Il est roi, il a droit de vie et de mort pendant toute la traversée, le *Hasard !* —

L'homme est à sa merci... Tout ou rien! Son sort n'a pas d'autre alternative, car il joue sa fortune entière d'un seul coup.

Supposons que cet homme, mieux avisé, divise également ses biens, partant ses risques, entre plusieurs vaisseaux ayant tous la même chance d'être détruits, et admettons même que, pour plus de sûreté, il les expédie successivement et par des routes différentes : voyons quel sera son sort.

Avec deux vaisseaux, au lieu d'un, il donne prise au hasard deux fois pour une; mais à chaque fois la prise est moindre de moitié, puisque chaque vaisseau ne porte que la moitié de sa fortune. Jusque-là, sa situation ne paraît pas changée : une chance sur cent de perdre le tout, ou deux chances sur cent de perdre la moitié, en apparence, cela revient au même; mais remarquons-bien, et c'est ici que nous appelons toute l'attention, qu'il a maintenant cent fois plus de chances de ne pas être ruiné, car si le risque de perdre un de ses vaisseaux est *un pour cent*, le risque de les perdre tous les deux est *un centième pour cent*, c'est-à-dire cent fois moindre [1].

Son sort s'est donc amélioré, puisque en dou-

---

1. Pour bien comprendre ces explications et celles qui suivent, il faut admettre comme parfaitement démontré que si un événement simple, un naufrage, par exemple, se produit en moyenne une fois sur cent, la répétition de cet événement

blant ses chances de perdre une moitié de sa fortune, il a centuplé celles de conserver l'autre moitié.

Ainsi, par ce seul dédoublement de ses risques, il est déjà presque sûr d'arracher au hasard la moitié de ses biens.

Avec trois vaisseaux au lieu d'un, il y a évidemment trois fois plus de chances d'en perdre un; mais cette perte pour le négociant est trois fois moindre, puisque chaque vaisseau ne porte qu'un tiers de sa fortune. Au lieu d'une chance sur cent de perdre le tout, il a trois chances sur cent de perdre le tiers... Son *espérance mathématique*, pour me servir de l'expression consacrée, reste toujours la même; mais sa *crainte* d'être ruiné est encore cent fois moindre que dans le cas précédent; car si le risque de perdre deux vaisseaux est *un centième pour cent* ou *un dix-millième*, le risque de les perdre tous trois n'est que la centième partie d'*un dix-millième* ou *un millionième*.

deux fois de suite dans les mêmes circonstances sera cent fois plus rare, c'est-à-dire qu'elle ne se produira en moyenne qu'une fois sur dix mille; car cent fois cent font dix mille. De même l'événement composé résultant de la production simultanée de trois événements simples, — par exemple, de trois naufrages ensemble, — sera encore cent fois plus rare, c'est-à-dire ne se produira en moyenne qu'une fois sur un million; car cent fois cent ou dix mille répétés cent fois font un million, etc.

C'est là un des points les plus importants de cette *géométrie du hasard* qu'on appelle aujourd'hui le *calcul des probabilités*.

Avec dix, vingt, trente vaisseaux... au lieu d'un, il y a dix, vingt, trente... chances sur cent, au lieu d'une, de perdre la dixième, la vingtième, la trentième... partie de sa fortune; mais il est de plus en plus sûr de ne pas perdre le reste, et sa ruine devient *physiquement impossible*.

Ces divisions successives ont pour effet, comme on le voit, d'accumuler les chances de perte sur une partie de la propriété de plus en plus petite, mais irréductible au delà d'un centième. Elles suppriment les chances de ruine et successivement celles d'une grande perte, ou, pour mieux dire, elles arrachent de plus en plus sûrement au hasard le reste de la propriété; reste qui ne pourra jamais excéder les *quatre-vingt-dix-neuf centièmes*, puisque telle est la limite imposée par le risque.

Imaginons enfin que la fortune du négociant soit répartie également sur un très-grand nombre de vaisseaux, cent mille, par exemple : il doit compter sur *mille naufrages;* donc il perdra, presqu'à coup sûr, *mille cent-millièmes* ou *un centième* de sa fortune; et, en supposant même que le risque varie du simple au double, et que deux mille vaisseaux périssent dans la traversée, il ne perdrait encore que *deux centièmes* de tout son bien. Cette perte n'a plus rien d'effrayant; elle est sûre, mais elle est limitée. Il ne possède plus, au pis aller, que les *quatre-vingt-dix-huit centièmes* de ce qu'il avait, mais cette possession est aussi *as-*

surée que si ses biens n'avaient jamais quitté la terre ferme.

En résumé, plus le négociant divise ses risques, c'est-à-dire, plus il multiplie le nombre des vaisseaux sur lesquels sa fortune est également répartie, plus il approche de la certitude de n'en perdre que la centième partie.

Aussi loin qu'il pousse la division de ses risques, il n'arrachera jamais au hasard plus des quatre-vingt-dix-neuf centièmes de son bien ; mais il les lui arrachera d'autant plus sûrement qu'il poussera cette division plus loin.

Enfin, il faudrait prendre un nombre infini de vaisseaux , c'est-à-dire, prolonger la division à l'infini, pour être *mathématiquement* sûr de ne perdre qu'un centième de son bien, ou plus généralement, pour être sûr de n'en perdre qu'une fraction marquée par le risque.

Arrivé à cette limite, on a supprimé la possibilité d'une grande perte pour la remplacer par la certitude d'une perte très-petite ; on a sacrifié une très-petite partie pour sauver la presque totalité. Mais alors, tout est sûr, ou mieux, tout est *assuré :* la perte et le reste, la part du fléau et la part de l'homme ; alors, tout aléa cesse, la sécurité reste, et le hasard s'évanouit.

Mais cette *division des risques* à l'infini n'est possible tout au plus qu'en imagination.

Qui réalisera cette fiction en apparence irréali-**sable** ?

— L'ASSURANCE, — qui théoriquement n'est autre chose que *la division des risques à l'infini*, ou mieux la limite vers laquelle tend cette division lorsqu'on la pousse de plus en plus loin.

N'est-ce pas l'assurance qui, tous les jours, se charge de répartir le danger sur des milliers de vaisseaux, sur des milliers de maisons, de récoltes, dont les propriétaires n'ont pas plus à redouter le naufrage, l'incendie ou la grêle que si ces fléaux n'existaient pas?

N'est-ce pas l'assurance qui sauvegarde la famille en cas de décès de son chef?

N'est-ce pas elle qui garantit les créances en cas de décès des débiteurs?...

Ce *risque de mort*, le plus fréquent, le plus inévitable de tous... l'assurance seule peut l'*éliminer* des transactions humaines, parce qu'elle seule peut le *diviser*.

Un négociant peut bien placer sa fortune sur plusieurs vaisseaux, et *diviser ses risques;* mais un père de famille, sur la tête duquel repose tout l'avenir des siens, ne peut pas *diviser ses risques...*

C'est donc l'assurance seule qui peut réparer les désastres matériels occasionnés par la mort.

Aussi l'assurance sur la vie est-elle, de toutes les branches d'assurances, la plus importante, la plus féconde; malheureusement, c'est aussi la plus négligée.

En résumé, quels que soient le mode d'assurance et la chose assurée, au fond, ce sera toujours, comme dans l'exemple que nous avons choisi, une application du principe *de la division des risques*.

L'assureur, ou, pour mieux dire, la Compagnie d'assurances — car cette entreprise n'est possible que par une compagnie — pratique au profit de l'assuré, comme au sien, cette *division indéfinie des risques*, absolument impraticable pour ce dernier. Elle se substitue aux risques et périls du négociant, du propriétaire, du cultivateur, du père de famille, du créancier, et leur garantit la possession indemne de leurs bâtiments, de leurs propriétés, de leurs récoltes, de leurs patrimoines, de leurs créances ; elle les affranchit de la servitude que le sort faisait peser sur eux, leur procure la sécurité, et finalement élimine le hasard de leurs entreprises.

CHAPITRE II

DE L'ASSURANCE EN GÉNÉRAL.

Cette question des assurances est tellement important et si injustement négligée, qu'on ne saurait creuser trop profondément pour l'asseoir sur ses véritables bases. Il faut qu'on voie bien qu'elle repose sur des principes incontestables, à l'abri de toute objection, en un mot, sur des vérités mathématiques.

Les vérités de cette espèce sont, après les données du sens commun, les plus élevées, les plus universelles ; elles ne sont ni anciennes, ni modernes, ni françaises, ni anglaises : elles sont vraies dans tous les temps et dans tous les lieux. On les appelle des vérités *rigoureuses*, parce qu'elles se présentent à l'esprit avec tant de force, qu'il n'y a pas de scepticisme qui tienne, il faut les admettre.

Nous le répétons : en matière d'assurances, le public a droit à toute espèce de garanties, et en particulier, il a droit de voir clair. Il faut donc l'éclairer, dût-on pour cela recourir à des consi dérations purement scientifiques; d'ailleurs, on ne doit pas craindre de montrer que les assurances s'appuient sur la science : assez de gens sont malheureusement portés à croire qu'elles spéculent sur l'ignorance.

Le vrai moyen de faire l'apologie des assurances sur la vie, c'est de les faire connaître.

Or, une étude des assurances sur la vie serait incomplète si elle ne commençait par une théorie succincte de l'assurance en général, c'est-à-dire par l'exposé sommaire des principes communs à toutes ses branches. C'est pourquoi, au risque de fatiguer l'attention du lecteur, nous nous sommes attaché particulièrement à expliquer le mécanisme de la division des risques, qui est le fond même de toute assurance.

C'est par la division des risques et par elle seule que l'on parvient à réduire progressivement le hasard, et finalement à l'éliminer des entreprises humaines.

Cette élimination est complète; le hasard disparaît pour l'assureur comme pour l'assuré, leurs situations sont solidaires, et la sécurité de l'un est aussi entière, aussi légitime que celle de l'autre. Ce caractère bilatéral de l'assurance est un point essentiel, sur lequel nous insistons à dessein, car il en résulte pour les contractants une garantie complète. Leur sécurité ne serait pas parfaite, leur confiance ne serait pas entière, si la Compagnie d'assurances qui assume leurs risques ne les neutralisait pas, si elle courait elle-même quelque danger. Il faut que l'assureur soit lui-même parfaitement assuré; autrement, qui assurera les assureurs? *Quis custodiet custodes?*

En cela, les assurances sur la vie ont sur toutes les autres un avantage considérable; car, grâce à *l'équilibre des risques*, dont le mécanisme leur est particulier, elles peuvent faire disparaître entièrement non-seulement l'aléa, mais même l'indétermination qui est inséparable de l'appréciation des chances; et si elles jouissent d'une si grande faveur en Angleterre, elles le doivent surtout à ce qu'elles y sont considérées, à juste titre, comme les affaires les plus sûres.

C'est qu'en effet la division indéfinie des risques, l'assurance, pour mieux dire, a pour résultat de scinder toute propriété chanceuse en deux parts, l'une condamnée, l'autre indemne, mais toutes les deux parfaitement déterminées, parfaitement assurées. La première est minime, c'est la part du hasard; elle ne doit pas être considérée comme une perte, mais comme le déchet de la propriété, la dépréciation qu'elle subit fatalement par suite de sa condition aléatoire. L'autre part est équivalente à la presque totalité; c'est celle du propriétaire, c'est la valeur moyenne et fixe à laquelle se réduit la propriété, en un mot, sa vraie valeur.

La prime d'assurance que l'on paye à la Compagnie qui se charge de compter avec le hasard, c'est-à-dire de percevoir et de répartir son budget, n'est autre chose que la part du fléau augmentée des frais de perception et de répartition.

Si le risque est un pour cent, il semble au premier coup d'œil que la prime, qui en est la compensation, ne devrait pas dépasser le centième de la valeur assurée; mais il faut remarquer que l'assurance est une véritable machine dont le travail ou l'effet utile consiste à transformer la *probabilité* de perdre le tout en *certitude* de ne perdre qu'une fraction minime.

Les frais d'assurance représentent la force vive dépensée improductivement par la machine. Chercher un mécanisme qui produise de la force vive sans en absorber, ou un mode d'assurance sans frais, serait tomber dans la chimère du mouvement perpétuel.

Ainsi, l'assuré n'a plus de chances de perte, puisque l'assureur les prend à sa charge; l'assureur n'en conserve pas non plus, puisqu'il reçoit plus qu'il ne doit payer; à proprement parler, il n'a pas de *sinistres*, il n'a que des *échéances*, et ses bénéfices sont aussi assurés que ceux d'une ferme en Normandie.

Ce principe de la division des risques est fertile en conséquences; en se bornant aux principales, on voit qu'il est toujours avantageux de répartir le danger sur plusieurs parties d'un bien qu'on attend, plutôt que d'exposer ce bien tout entier au même danger. La prudence doit défendre également de confier toute sa fortune à une seule personne, quelles que soient les garanties qu'elle présente. Un des principes les plus sûrs et les plus pratiques en matière d'assurances agricoles sera toujours de varier les cultures; on aura presque supprimé ainsi les chances de voir manquer à la fois toutes les récoltes d'une année. « Depuis que la nourriture du pauvre est plus variée, dit Quételet, et qu'elle comprend plus d'objets d'une récolte à peu près certaine, les disettes qui affligeaient si souvent nos aïeux sont devenues à peu près impossibles; c'est un bienfait en même temps qu'une conséquence des progrès de la civilisation. »

Sans doute, la raison commune et l'expérience suggèrent ces vérités; mais l'analyse mathématique leur prête toute sa lumière; elle donne l'estimation exacte des avantages qu'on avait pressentis, et permet d'apprécier avec certitude la véritable portée des indications du sens commun.

En résumé, on voit que si la division des risques est toujours avantageuse, l'assurance seule peut conférer aux propriétés chanceuses une valeur déterminée et commerciale totalement indépendante de la fortune et de la condition du possesseur.

Elle est donc nécessaire, et rien ne peut la suppléer dans sa fonction sociale, qui consiste, comme on l'a vu, à éliminer le hasard, c'est-à-dire à substituer à une propriété vague et incertaine la possession fixe et assurée de sa valeur moyenne.

Cette valeur moyenne, un peu plus petite que la propriété entière, est, avons-nous dit, sa vraie valeur. La différence mesure le risque. Cette différence ne nous appartient pas, elle doit être retranchée ; c'est la dîme du hasard, c'est le tribut inévitable qu'il faut lui payer ; en un mot, c'est ,a part du fléau : part du feu, part de la mer, part d. la grêle, part de la mort, suivant qu'il s'agit d'assurances contre l'incendie, d'assurances maritimes, d'assurances agricoles ou d'assurances sur la vie.

Vaut-il mieux sacrifier la centième partie d'une propriété que de rester exposé à la perdre tout entière, par suite d'un hasard que l'on n'a pas d'autre moyen d'éviter, et qui détruit une propriété sur cent ?

Ainsi posée, la question de l'assurance est à moitié résolue ; pour bien le faire sentir, prenons un exemple : supposons qu'une créance payable dans un an repose uniquement sur la vie d'une personne de quarante-deux ans. A cet âge le risque de mort est environ *deux pour cent*, ce qui veut dire que, sur cent personnes de quarante-deux ans, il y en a, en moyenne, deux qui meurent dans l'année.

Cela dit, vaut-il mieux sacrifier *deux pour cent*

de cette créance que s'exposer à la perdre tout entière, par suite du décès du débiteur ?

Si la question paraissait douteuse au créancier, nous lui ferions remarquer que cette garantie nouvelle que lui offre l'assurance doit être pour lui parfaitement gratuite, car, le risque étant le fait du débiteur, c'est à celui-ci qu'incombe la charge d'acquitter la prime.

Nous reviendrons sur cette question, car il est hors de doute que si elle était bien comprise, les créanciers ne seraient pas assez aveugles sur leurs propres intérêts pour continuer à les négliger, en refusant une garantie qui ne leur coûte rien.

CHAPITRE III

DU JEU ET DE L'ASSURANCE.

« … Un certain nombre de personnes se réunissent dans un salon, autour d'une table, entassent sur le tapis de l'or et des bank-notes, parient pour la rouge ou la noire, ou mettent leurs enjeux sur un coup de dés, sur un coup de cartes. Le hasard, aveugle ou intelligent, caresse celui-ci, maltraite celui-là. L'un s'en va ruiné, l'autre se retire avec un léger bénéfice, un troisième a fait fortune. Qu'ont-ils produit tous ? Nous supposons que la partie s'est jouée le plus loyalement du monde : qu'ont-ils fait produire à leurs capitaux, à leur intelligence ? quelle valeur ont-ils conquise ? — Absolument aucune. Des millions auront pu être jetés sur le tapis, sans qu'ils aient produit la moindre utilité nouvelle : tout au plus, auront-ils changé de propriétaire. »

Ce n'est pas tout : non-seulement tous ces gens-là n'ont rien produit, comme le fait remarquer le célèbre publiciste qui a tracé ce tableau saisissant ; non-seulement ils n'ont conquis aucune valeur, mais ils ont perdu, gâté, détruit toutes sortes de valeurs. Leur temps, qui est de l'argent, leur santé, leur activité : tout cela a été dépense en pure perte ; et, si honnêtes qu'ils soient en commençant, leur probité ne sort pas toujours intacte de ces mêlées, où la perspicacité est de mauvais aloi, et où finesse est souvent synonyme de friponnerie.

Un des plus pernicieux effets de cette funeste passion du jeu, c'est qu'elle fait perdre le sentiment de la valeur réelle de l'argent. Quel est le joueur favorisé qui hésitera à satisfaire la fantaisie la plus coûteuse, lorsqu'il vient d'en hasarder dix fois le prix sur un coup de cartes? De ces gains rapides qui ne sont pas le fruit du travail, résulte un penchant à la prodigalité, au luxe, aux dépenses improductives ; penchant qui est la source de toute espèce de désordres.

Mais il y a plus : le joueur, semblable à une meule qui tourne à vide, travaille à sa perte ; car le jeu n'est pas seulement improductif, il est ruineux, et, s'il est vrai que « la Fortune vend ce qu'on croit qu'elle donne », on peut dire qu'au jeu elle le vend à faux poids. Oui ! le jeu est l'emploi le plus déplorable que l'on puisse faire de son temps, de son activité et de son argent. C'est un pacte mal entendu, un contrat essentiellement vicieux, onéreux pour chaque contractant et nuisible à la société tout entière.

Ceci n'est plus une considération morale, c'est

une vérité mathématique, et je vais essayer de la formuler nettement : *au jeu, l'argent perd de son poids* ; en d'autres termes : au jeu le plus égal, la perte est toujours relativement plus grande que le gain. L'égalité numérique n'est qu'apparente ; au fond, il y a une inégalité très-réelle, car le gain des uns ne compense jamais la perte des autres, et on ne pose qu'une conclusion rigoureuse en disant qu'il y aurait avantage pour tous à renoncer au jeu en convenant de jeter par la fenêtre chacun une partie de son avoir.

Supposons, pour mieux nous en rendre compte, qu'un homme joue, à chances égales, à *pile ou face*, par exemple, la moitié de son bien : les privations qu'il devra s'imposer en cas de perte ne peuvent pas être compensées par les avantages qu'il obtiendra, s'il gagne ; car le gain ne double pas sa fortune, tandis que la perte la dédouble, c'est-à-dire, la réduit à la moitié.

Cette différence, qui explique très-bien pourquoi on est plus sensible à la perte qu'au gain, tient à la valeur relative de l'argent, qu'il ne faut pas confondre avec sa valeur absolue ; celle-ci est indépendante de notre fortune et de nos besoins, tandis que la première se règle sur les motifs qui nous font désirer un accroissement de biens, et peut s'estimer par le rapport de cet accroissement à la fortune antérieure. C'est ce *rapport* que les géomètres philosophes ont appelé la *valeur morale*.

« Si deux hommes, dit Buffon, s'avisaient de

jouèr tout leur bien, quel serait l'effet de cette convention? — L'un ne ferait que doubler sa fortune, et l'autre réduirait la sienne à zéro. Or, quelle proportion y a-t-il entre la perte et le gain? —La même qu'entre tout et rien. Le gain de l'un n'est qu'égal à une somme assez modique, et la perte de l'autre est numériquement infinie et moralement si grande, que le travail de toute sa vie ne suffirait peut-être pas pour regagner son bien. »

Théoriquement, pour que le jeu soit équitable, il faut et il suffit que les espérances mathématiques des joueurs soient égales, c'est-à-dire que la mise de chacun soit proportionnelle aux chances qui le font gagner. Telle est la règle des paris. Certainement, elle est on ne peut plus juste, mais, comme le fait très-judicieusement observer Condorcet, elle ne peut faire que l'état d'un homme qui joue soit le même que s'il ne jouait pas.

C'est peu que les principes des mathématiques soient strictement observés, il faut encore que ceux de la morale le soient. Sous ce rapport, les réflexions qui précèdent doivent faire sentir l'insuffisance des règles, ainsi que le désavantage et le danger des jeux même les plus équitablement réglés; mais elles ne s'adressent qu'aux gens qui n'abdiquent pas complétement leur raison avant de tenter la fortune; elles ne peuvent avoir aucune prise sur ceux qui soutiennent, peut-être avec moins de conviction que de belle humeur, qu'après le plaisir de gagner, ils n'en connaissent pas de plus grand que le plaisir de perdre.

Si le jeu est toujours désavantageux, il ne l'est jamais plus que lorsqu'on expose une somme considérable contre une minime, par exemple dix mille francs pour gagner un franc. On aura beau faire valoir que les espérances mathématiques sont égales, et que les chances de gain sont dix mille fois plus grandes que celles de perte : fussent-elles encore supérieures, personne ne voudra courir le risque de perdre dix mille francs pour gagner un franc. Cette différence entre les indications de l'arithmétique et celles du sens commun tient surtout à cette valeur relative ou valeur morale de l'argent, qui doit toujours être prise en considération dans les transactions de la vie humaine.

Buffon, Laplace, Condorcet, Ampère, Lacroix, Arago, Cournot..., tous les savants qui se sont occupés du jeu sont unanimes pour le condamner ; tous ont fait ressortir les inconvénients et les vices qu'il présente. Mais c'est surtout lorsque les chances sont très-inégales, comme dans le cas précédent, qu'ils s'élèvent avec véhémence contre ses dangers ; alors c'est un concert d'indignation vraiment remarquable : « Quel est l'homme assez insensé, s'écrient-ils, pour risquer à ce jeu non pas sa fortune, mais seulement une somme un peu considérable ! »

Malheureusement, ils ne sont pas rares ces insensés : « le Ciel en a béni l'engeance, » et la France en est peuplée : ce sont tous les gens qui ne s'assurent pas.

Oui, je l'affirme avec la conviction la plus énergique : quiconque n'est pas assuré joue, et tout ce qui n'est pas assuré est en jeu, ou plutôt en loterie. Ceci est vrai à la lettre, et je n'en retrancherai pas un iota, dût-on trouver ce jugement trop absolu; mais je préviens ceux qui seraient tentés d'en appeler, que le juge s'appelle le bon sens, et qu'il n'a pas pour habitude de réformer ses arrêts.

L'assurance étant précisément tout le contraire du jeu, il faut être assuré ou jouer, il n'y a pas d'autre alternative. Oui, je le répète, tant que vous n'êtes pas assurés, vous jouez... vous jouez malgré vous avec les fléaux, c'est-à-dire avec le feu, avec la mer, avec la grêle, avec la mort. Et quel est l'enjeu? — L'enjeu, c'est toujours une bonne partie de votre fortune, quelquefois votre fortune entière, votre repos, votre honneur, l'avenir et l'honneur de vos enfants. Voilà l'enjeu. Et à quel jeu jouez-vous? — Au jeu le plus désavantageux, le plus insensé, le plus dangereux de tous, un jeu où vous avez tout à perdre et rien à gagner, car on ne gagne jamais contre le hasard : il joue avec votre argent, vous *pontez* pour lui, et l'enjeu commun, c'est tout ce qui n'est pas assuré.

Reprenons pour un instant l'exemple du négociant qui a toute sa fortune sur un vaisseau. Le risque de mer étant, par hypothèse, de *un pour cent*, il doit à la mer la centième partie de son bien ; faute de lui payer ce tribut, faute d'acquitter ce droit du fléau, ce misérable droit qui d'un danger minime peut faire une catastrophe ; faute de *s'assurer*, en un mot, il s'expose à perdre toute sa fortune, car le seul moyen qu'il ait de racheter cette centième chance qui peut amener la ruine, le seul moyen d'échapper à ce jeu fatal, c'est l'assurance.

Autre exemple : Supposons un père de famille dont la profession soit à peu près l'unique ressource. J'admets qu'il ait la sagesse, la persévérance d'épargner, année par année, sur ses revenus, afin de pourvoir à l'avenir des siens : très-bien ! Mais sait-il pendant combien de temps il pourra épargner ainsi ? A-t-il passé un bail avec la mort ? Ne peut-elle pas survenir avant qu'il ait eu le temps de créer un patrimoine à ses enfants, une existence indépendante à sa veuve ? L'assurance sur la vie est le seul moyen d'échapper à cette douloureuse éventualité ; c'est « la seule garantie efficace des enfants et des veuves contre la pauvreté. »

Que ce père de famille prenne, je ne dis pas toutes ses économies, mais seulement une partie ; qu'il l'affecte à une assurance sur sa vie, et immédiatement il aura réalisé par anticipation, au profit des siens, le fruit de trente années de persévérance, d'ordre, d'économie, d'habile et heureuse administration, toutes choses qu'il n'est pas sûr que Dieu lui accorde. Ne pas prendre ce sage parti, c'est tenter la Providence, c'est livrer les siens à la merci du hasard, c'est *jouer* avec leur fortune, leur avenir et leur honneur.

Le hasard, avons-nous dit, se mêle à toutes les affaires de ce monde; il a sa part dans toutes nos entreprises, car toute entreprise comporte des risques, et, « dans l'ordre économique, dit Cournot, il n'y a pas de spéculation qui ne participe plus ou moins à la nature du marché aléatoire. Dans toutes sortes d'affaires commerciales, les chances s'achètent et se vendent sans cesse. » Affranchir une spéculation, une entreprise des conditions aléatoires qui y sont inhérentes, c'est s'assurer; rester dans les conditions aléatoires, c'est jouer.

L'assurance est donc tout l'opposé du jeu, elle en est le contraire, comme la vérité est le contraire de l'erreur. Ce n'est pas là une opposition de mots, c'est une opposition d'idées; il y a entre le jeu et l'assurance une différence absolue, non pas comme du blanc au noir, car il y a d'autres couleurs, mais comme du jour à la nuit. L'assurance dissipe l'aléa comme la lumière dissipe les ténèbres; leurs natures s'excluent mutuellement : si l'une est positive, l'autre est négative; si l'une est bonne, l'autre est mauvaise, et, en général, tout ce qu'on peut dire du jeu, on peut l'affirmer en sens contraire de l'assurance.

Ainsi, à l'inverse du jeu, l'assurance donne le certain en échange de l'incertain. Le jeu est improductif, ruineux, immoral; l'assurance est productive, féconde, conservatrice et essentiellement morale. L'inquiétude est inséparable du jeu; la sécurité, inséparable de l'assurance. — L'un est aveugle comme le hasard; l'autre est prévoyante comme la Providence. — Le jeu fait perdre le sentiment de la valeur réelle de l'argent, favorise la prodigalité, le luxe, le désordre; l'assurance fait sentir tout le prix de l'argent par les bienfaits qu'elle prodigue en échange; elle fait naître et développe l'économie, l'ordre, la prévoyance.

Au jeu, l'argent perd de son poids, tandis que l'assurance augmente son poids, car « la certitude qu'elle confère à nos entreprises équivaut à une véritable augmentation de valeur. » (Ch. Dupin). — Le jeu est un pacte essentiellement vicieux, un contrat onéreux pour tous les contractants, et nuisible à la société tout entière. L'assurance est un contrat avantageux aux deux parties contractantes et favorable au bien de la société : « Il dissipe les inquiétudes qui comprimeraient l'activité productive et en gêneraient le libre développement. Il étend la puissance que l'homme s'est acquise par son intelligence libre, par sa raison prévoyante, sur la nature physique soumise aux seules lois de la fatalité. » (A. Cournot.)

Le jeu étant l'emploi le plus déplorable que l'on puisse faire de son argent, l'assurance est le meilleur emploi qu'on en puisse faire. Mais je vais plus loin encore, et je dis que si la loi condamne le jeu, si elle le repousse, si elle refuse de le reconnaître, elle doit, pour ne pas rester incomplète, encourager, protéger, adopter et sanctionner l'assurance.

Puisqu'elle est tout l'opposé et en quelque sorte la négation du jeu, il s'ensuit que le jeu étant défini, étudié, connu, l'assurance le sera en quelque sorte par exclusion. Je n'entends pas donner à cette dernière conséquence plus de portée qu'elle n'en doit avoir; mais il me semble qu'elle justifie le développement que j'ai cru devoir donner aux considérations sur le jeu.

L'assurance n'est autre chose que l'application aux affaires humaines de la *règle des partis*, par laquelle on détermine le sort des joueurs qui veulent se séparer avant que le hasard ait décidé entre eux, et disposé du fonds commun formé par les mises. Pour que l'équité soit strictement observée, chacun d'eux doit prendre sur l'enjeu une part proportionnelle aux chances qui l'auraient fait gagner. Ici, les deux joueurs sont l'homme et le fléau; l'enjeu commun, c'est, avons-nous dit, tout ce qui n'est pas assuré. Quand l'assurance intervient, l'homme se retire du jeu en y laissant la mise du fléau augmentée d'un léger bénéfice : c'est la *prime* d'assurance; le voilà assuré, il quitte la partie, l'assureur la reprend et *joue à coup sûr* contre le fléau.

Remarquons bien ce fait : l'assureur *joue à coup sûr ;* en conséquence, pour lui, point de perte possible, et pour l'assuré, sécurité complète.

Il y a donc moyen de jouer à *coup sûr ?* — Sans doute. Il suffit pour cela que les conditions du jeu soient inégales. En général, quand le jeu est équitablement réglé, quelque système que l'on suive, on ne peut acquérir une espérance de mille contre un de gagner un franc, sans courir un risque de un contre mille de perdre mille francs ; mais quand les chances sont inégalement réparties, et que l'un des joueurs est plus favorisé que l'autre, aucune méthode de jeu n'a le pouvoir de détruire l'inégalité. Si petite qu'elle soit, elle finit toujours par prévaloir au milieu des oscillations du hasard, et par assurer le gain du joueur avantagé. Le bénéfice moyen résultant de l'accumulation constante des plus petits avantages s'accroît en raison directe du nombre des épreuves, de sorte qu'il peut dépasser toute limite.

Les profits se comptent par millions quand les écarts, les variations dues aux anomalies du hasard se comptent par mille, car mille est la racine carrée de un million, et l'on sait que les écarts en plus ou en moins, c'est-à-dire, la perte ou le gain probable, quand le jeu est égal, croissent proportionnellement à la racine carrée du nombre des épreuves : c'est dire qu'ils deviennent doubles, triples, quadruples quand le nombre des coups joués devient quatre, neuf, seize fois plus grand.

Ainsi, les avantages de l'assureur augmentent beaucoup plus rapidement que ses risques, et lorsque ses opérations sont suffisamment multipliées, la probabilité de gain et celle de ne pas entamer son capital de garantie prennent une valeur telle, qu'il est autorisé à regarder le cas d'un déficit comme physiquement impossible. L'excès de la prime d'assurance sur la valeur du risque équivaut à des chances qu'il se réserve; si cet excès est suffisant et le nombre des risques garantis assez considérable, on peut dire que l'assureur *joue à coup sûr*, ou plutôt il ne joue plus : il met le hasard en coupe réglée.

Ces résultats d'une théorie que nous regrettons d'abréger, supposent deux conditions essentielles : premièrement, la possibilité de répéter suffisamment les épreuves, en dehors de laquelle tout calcul est parfaitement illusoire; secondement, une appréciation exacte de la valeur des chances.

Cette dernière condition est un des points les plus délicats de la théorie des assurances; c'est aussi un des plus importants : on comprend, en effet, que si le *fermier des risques* se trompait sur la valeur des chances qu'il vend, qu'il achète ou qu'il se réserve, la moindre erreur, en se répétant, pourrait atteindre tel déficit qu'on veuille imaginer. Voilà où sont les véritables risques d'une Compagnie; les autres n'existent que dans l'imagination.

Quant à cette *multiplication suffisante des épreuves*, à défaut de laquelle l'assureur n'est pas parfaitement assuré, on voit que ce n'est autre chose que la *division des risques*, qui, à la limite, se confond avec l'assurance.

Le jeu et l'assurance sont l'objet d'une seule et même théorie analytique : celle du *marché aléatoire*, dont l'importance et l'étendue sont faciles à saisir, si l'on ne perd pas de vue que, dans toute espèce d'affaires, les chances s'achètent et se vendent sans cesse : les données et les formules sont les mêmes pour le jeu et l'assurance ; seulement, les conclusions sont renversées.

L'assurance n'est pas une convention *aléatoire* ; c'est une convention *anti-aléatoire*.

L'assurance ferme le jeu ; elle supprime l'aléa dans les affaires : voilà sa fonction, et la comparaison que nous en avons faite avec le jeu fournit un critérium infaillible autant que nécessaire, pour la discerner de toutes les opérations plus ou moins aléatoires qui ont usurpé son nom. Je dis *nécessaire*, parce que l'influence des circonstances initiales est loin d'être éteinte, surtout pour les assurances sur la vie, et que c'est à la confusion qu'on en fait avec les mauvais précédents des tontines, qu'elles doivent d'être si fort arriérées en France.

Rappelons-nous en quoi consiste l'assurance : elle consiste, avons-nous dit, à éliminer de nos entreprises le hasard, l'élément aléatoire inhérent à leur nature; mais il faut que cet élément aléatoire disparaisse complétement; sans quoi, il n'y a pas d'assurance.

Où serait l'avantage, si les risques étaient seulement déplacés? — L'opération se bornerait à découvrir l'assureur pour couvrir l'assuré.

Cette élimination complète du hasard est un des points essentiels de notre thèse. De très-bons auteurs nous paraissent l'avoir méconnu en donnant le nom d'assurances à des contrats où l'une des parties se borne à prendre à sa charge les risques de l'autre.

Dans ces sortes de conventions, les risques sont déplacés; ils ne sont pas divisés, encore moins *éliminés;* le contrat peut être *bilatéral,* mais la sécurité est *unilatérale;* elle existe d'un côté, non de l'autre; pour l'assuré, non pour l'assureur : contrat aléatoire, cautionnement, fidéjussion, pari, gageure, spéculation..., ce sera tout ce que l'on voudra..., excepté une ASSURANCE.

L'assurance commence à la division des risques : tant que le risque n'est pas divisé, il n'y a pas l'ombre d'assurance.

Tant que l'élimination du hasard n'est pas complète, tant qu'il reste quelque chose d'aléatoire, il n'y a pas, à proprement parler, *assurance,* et les lois avaient raison qui condamnaient comme gageures de pareilles stipulations.

L'assurance est moderne : elle date des travaux de Pascal, elle est née avec la géométrie du hasard.

En tourmentant des textes, on en trouve des traces, des rudiments dans les conventions accessoires à des contrats de vente; ainsi, à Rome, les publicains, c'est-à-dire les fournisseurs de l'État, mettaient à sa charge la perte par cas fortuit; ce seraient eux qui auraient inventé l'assurance. Ce qui est plus certain, c'est qu'ils ont inventé la *baraterie*.

Si l'on veut se contenter d'analogies, on trouve dans le droit romain l'assurance maritime, les assurances contre l'incendie, les assurances agricoles, et même les assurances sur la vie; mais il est à peu près certain que le contrat d'assurance était inconnu des jurisconsultes anciens.

De tout temps l'homme a aimé l'imprévu, les entreprises hasardeuses, les spéculations; en un mot, il est joueur; mais quand même sa sympathie pour le jeu serait devenue un besoin, que ce besoin aurait tourné en passion impérieuse, et que cette passion serait poussée jusqu'au paroxysme, cela ne suffirait encore pas pour lui faire exposer sa fortune entière sans espoir de jamais gagner, mais seulement pour ne pas perdre une somme relativement insignifiante, — et c'est là le jeu absurde qu'il joue quand il néglige de s'assurer!

Incontestablement le joueur le plus effréné subit, contre son gré, la condition aléatoire inhérente à sa propriété, et ce n'est certes pas par amour de la spéculation qu'il ne s'assure pas; car s'il voulait spéculer, il choisirait plutôt une opération qui avec peu de chances de perte, lui offrirait l'appât de gros bénéfices.

L'homme sage ne joue pas, il évite les paris et les spéculations, et autant que possible il ne laisse rien au hasard. Dans ses entreprises, il cherche toujours à mettre les chances de son côté, à diviser ses risques, et à conserver plutôt qu'à spéculer, en un mot, il *s'assure*. Jamais il n'expose au hasard des sommes considérables, et, pour rien au monde, il ne risquera tout son bien dans une entreprise, eût-il autant de chances de le décupler que de le perdre; car il sait que la perte du nécessaire ne peut être compensée par aucune espérance, quelque grande qu'on la suppose. S'il s'aperçoit que sa fortune court des risques, il s'empresse d'en sacrifier une partie pour *assurer* le reste : voilà comme il faut entendre le proverbe : *Qui ne risque rien, n'a rien.*

Mais le joueur lui-même n'a-t-il pas recours à des combinaisons de jeu qui, en laissant le bénéfice incertain, ont l'avantage de limiter la perte ? Les spéculations *à primes* ne sont, au fond, que des espèces d'assurances.

Concluons donc que si le jeu est sympathique à l'homme, l'assurance lui est nécessaire, car elle est essentiellement conservatrice. Aussi longtemps qu'elle n'existe pas, l'homme n'est pas le maître de ne pas jouer au jeu le plus détestable; mais bien mieux, tant que l'assurance n'existe pas, je dis que l'homme n'est pas réellement propriétaire.

Prenons un exemple : vous n'avez, je suppose, qu'une seule maison qui vaut cent mille francs ; si elle n'est pas assurée, et qu'elle vienne à brûler, vous voilà ruiné. J'admets qu'il y ait *mille à parier contre un* qu'elle ne brûlera pas, mais c'est un *pari;* vous gagez cent mille francs contre cent francs que le feu ne prendra pas chez vous.

Donc, vous êtes au jeu, et l'assurance seule peut vous en tirer. Si vous aimez mieux, les choses se passent comme si votre maison était en loterie, et que sur mille billets vous n'en ayez que neuf cent quatre-vingt-dix-neuf..... Tant que vous n'avez pas le millième, en un mot, tant que vous n'êtes pas assuré, *vous n'êtes pas propriétaire...* Vous avez des espérances, des éventualités, des *billets de lo-terie,* mais rien de plus; vous avez beaucoup de chances de gagner votre maison, mais vous ne les avez pas toutes; vos droits sont incertains, vous pouvez les perdre.

Le hasard ne perd jamais les siens... C'est lui qui est propriétaire; c'est lui qui a le droit d'user et d'abuser : *uti et abuti,* comme dit l'ancien droit.

Tous nos biens sont hypothéqués par le hasard, et l'assurance est le seul moyen de purger cette hypothèque fatale.

Nous sommes tributaires des fléaux, dès que nous possédons; de la mort, dès que nous voyons le jour.

Avoir des maisons, des navires, des récoltes, c'est donner des otages au feu, à la mer, à la grêle ; avoir une femme, des enfants, c'est donner des otages à la mort :

« Nous devons à la mort de trois l'un en dix ans... »

dit **La Fontaine**, et il ne s'éloignait pas trop de la vérité ; d'où il suit qu'en dix ans l'assurance devrait reconstituer le tiers, et en trente-trois ans environ la totalité des biens qui ne sont garantis que par notre existence, et dont nos héritiers ou nos ayants droit sont frustrés par notre décès. Malheureusement, en France, les assurances sur la vie ne sont guère connues que de nom, et leurs applications, qui devraient compter des milliards, se bornent à quelques centaines de millions.

Quel légitime orgueil pour tous ces gens de cœur et d'esprit, la plupart fils de leurs œuvres, qui composent cette classe moyenne si nombreuse, si riche d'intelligence, l'elite de la nation en somme : fonctionnaires, industriels, professeurs, médecins, avocats, artistes, etc., s'ils savaient qu'avec un peu de prévoyance les ressources personnelles et essentiellement viagères qu'ils tirent de leur profession ne périraient pas tout entières avec eux !

Quelle tranquillité d'esprit, quelle satisfaction et quel courage ne puiseraient-ils pas dans la pensée qu'ils peuvent *assurer* aux êtres qui leur sont chers, en quelque sorte la *survivance* de leurs talents et de toutes ces richesses morales si péniblement acquises !

CHAPITRE IV

DES CARACTÈRES PRODUCTIFS DE L'ASSURANCE.

> Conserver et créer: voilà, en deux mots,
> toutes les assurances.
>
> E. R.

Qu'est-ce qu'un naufrage, un incendie, un décès... en un mot, qu'est-ce qu'un *sinistre?*

Tout et rien.

Tout, au point de vue de l'individu, pour qui ce peut être un irréparable désastre;

Rien, au point de vue de la masse, pour qui c'est comme une goutte d'eau dans la mer.

Réduire de tout à rien l'importance des sinistres : tel est le problème économique dont l'assurance est la seule et unique solution.

L'assurance annihile l'effet des fléaux, en distribuant sur la masse le danger qui plane sur l'individu : voilà son utilité et la mesure de sa puissance productive.

Les fléaux sont nos créanciers, et tant que l'assurance n'existe pas, leurs recouvrements se font au hasard, brutalement, sommairement et sans avis préalable. Répartir équitablement entre les contribuables cet impôt fatal, et le rendre insensible pour chacun en le faisant peser sur tous : telle est la fonction, telle est la portée économique de l'assurance.

Tous, tant que nous sommes, nous naissons les débiteurs du hasard : donc l'assurance convient à tous, donc en s'assurant on ne fait que payer une dette. Or, c'est bien en cette matière que se vérifie toute la sagesse de l'adage : « Qui paye ses dettes s'enrichit. »

La prime d'assurance n'est pas un sacrifice qu'on fait : c'est une dette qu'on paye, et la plus urgente de toutes, puisque, en différant de l'acquitter, on s'expose à être ruiné.

S'assurer, ce n'est pas diminuer sa fortune : c'est l'augmenter. L'assurance, en effet, est essentiellement avantageuse et productive.

Elle est productive par cela seul qu'elle donne le certain en échange de l'incertain, car la stabilité, la certitude qu'elle confère à nos possessions et à nos entreprises, naturellement chanceuses, équivalent à une véritable augmentation de valeur.

Le mécanisme de la division des risques, dont l'effet propre est, comme nous l'avons vu, d'écarter progressivement les chances de ruine et celles d'une grosse perte, explique tout naturellement cette augmentation ; et cela sans qu'il soit besoin de recourir à des considérations tirées de la valeur relative de l'argent. C'est en quoi notre théorie diffère essentiellement de celles qui reposent sur une prétendue mesure de l'*espérance morale*.

Si l'on voulait évaluer numériquement l'avantage de l'assurance, ce qu'elle ajoute au poids de l'argent, on pourrait, en s'appuyant sur d'illustres autorités, prendre pour mesure la différence entre l'*espérance mathématique* et l'*espérance morale* que Bernoulli, Buffon, Laplace, Fourier, etc., ont regardée comme exprimant le désavantage du jeu, c'est-à-dire le déchet ou la perte de poids qu'il fait subir à l'argent. Par exemple, quand on expose, à chances égales, la moitié de son bien, la perte, suivant Buffon, est d'une sixième partie plus grande que le gain, car il y a cette différence entre le tiers qui représente le gain et la moitié qui représente la perte. Laplace, adoptant l'hypothèse de Bernoulli, trouve qu'en pareil cas le déchet, ou l'excès de la perte sur le gain, serait seulement de *treize pour cent;* mais nous pensons, avec Ampère, qu'il n'y a pas lieu d'établir ces rapports plutôt que d'autres, et que les hypothèses d'où on les déduit, quoique très-plausibles, ne sauraient fournir une mesure rigoureuse de l'avantage que procure l'assurance ou du désavantage qui résulte du jeu; en conséquence, elles doivent être rejetées de la théorie du marché aléatoire.

Ce qui n'est pas douteux, c'est l'insuffisance de la formule de l'espérance mathématique, à la-

quelle on a voulu remédier en imaginant ces hypothèses. Entre quatre-vingt-dix-neuf francs qui
ne courent aucun risque, dont la possession ne
dépend d'aucune éventualité, et cent francs que
l'on a une chance sur cent de perdre, elle ne met
pas la moindre différence : cependant ce sont deux
choses très-différentes, et tout homme raisonna-
ble préférera une somme sûre et certaine à une
somme un peu plus forte, mais incertaine, lors
même que l'arithmétique lui démontrerait qu'elles
sont parfaitement équivalentes. Du reste, le bon
sens populaire ne s'y trompe guère, et La Fontaine
a bien raison de dire :

> Qu'un sou, quand il est assuré,
> Vaut mieux que cinq en espérance.

Ainsi, à valeur égale, le certain prime toujours l'incertain; mais l'arithmétique ne considère
qu'une chose : la grandeur; elle fait abstraction
de tout le reste. Si la *probabilité* est représentée
par une fraction, la *certitude* le sera par l'unité ;
ces symboles sont très-simples, même très-exacts
et très-utiles, pourvu qu'on ne s'écarte jamais de
l'hypothèse qui domine toute la théorie des probabilités, à savoir : qu'on puisse toujours répéter
suffisamment les épreuves. Mais entre la probabilité et la certitude, entre une chose certaine et une
chose éventuelle, entre un bien assuré et un bien
qui ne l'est pas, il y a une différence immense;

une différence, non pas de grandeur, mais d'essence ; il y a toute la distance qui sépare la sécurité de l'inquiétude.

La sécurité ! voilà le véritable produit créé par
l'assurance ; c'est là un bien très-réel dont il faut
créditer l'institution : un bien moral, sans doute,
et qui ne peut pas figurer sur le bilan d'un
particulier, pas plus que la santé, le crédit, la
liberté..... mais un bien inappréciable comme
ceux-ci, car ils n'ont pas de mesure, et malheureusement on n'en sent tout le prix que lorsqu'on
les a perdus.

Outre l'accroissement de richesses dû à l'institution de l'assurance, et non à chaque assurance
en particulier, il est un autre avantage qui tient
à la nature même du contrat, et qui tend à conserver le capital social en prévenant le déchet que
lui feraient subir les fléaux. Lorsqu'un navire qui
n'est pas assuré vient à périr par suite d'un naufrage, le capital qu'il représente se trouve détruit,
et si le propriétaire reconstruit ce navire, il y consacre des fonds distraits d'un autre emploi productif, tandis que si le bâtiment est assuré, le
capital est rendu au propriétaire ; et ce capital,
fourni par les primes des co-assurés, est un prélèvement fait sur les revenus de la masse, une
épargne qui, à la rigueur, aurait pu se faire, mais
qui, dans le cours ordinaire des choses, ne se serait pas faite sans le contrat d'assurance. De
même, lorsque, au décès prématuré d'un chef de

famille, l'assurance sur la vie constitue un patrimoine à ses enfants, une pension à sa veuve, lorsqu'elle dégrève ses propriétés, acquitte ses dettes et facilite sa liquidation, — elle peut rendre tous ces services et bien d'autres encore, — on peut dire que ce sont là autant de ressources nouvelles créées par l'assurance, car ces capitaux fournis par les cotisations des co-assurés sont une épargne qui vraisemblablement ne se serait pas faite sans elle.

Or, conserver, c'est créer une seconde fois ; donc l'assurance est productive, par cela seul qu'elle est conservatrice.

La production, dans le sens économique du mot, n'est pas une création de matière, c'est une création d'utilité ; et tout ce qui ajoute de l'utilité à la matière, soit en la façonnant, soit en la déplaçant, soit en la conservant, soit en l'assurant, est véritablement productif. Quand nous disons que l'assurance crée des valeurs, il faut bien s'entendre : créer, dans l'acception rigoureuse du mot, c'est-à-dire, tirer du néant, faire de rien quelque chose, ne peut évidemment s'appliquer qu'à Dieu seul ; et ce que nous appelons création, quand il s'agit de l'homme, devrait bien plutôt s'appeler organisation, transformation, production. Mais, en économie, créer s'entend naturellement lorsqu'on tire du néant une valeur qui n'existait pas, lorsqu'on utilise un produit jusque-là sans utilité ; seulement, il ne faut pas oublier que ces mots :

utilité, valeur, production, organisation, création, etc., expriment des relations à l'homme et non à l'univers.

Celui qui rassemble les parcelles de métal disséminées dans la boue de rémouleur et reproduit une masse de fer, a créé une valeur, puisqu'il a tiré d'une matière jusque-là sans utilité un produit qui n'existerait pas sans son procédé ; certes il n'a pas créé du fer, ce fer existait, mais il était pour l'industrie comme s'il n'existait **pas**.

De même les assurances, et par-dessus toutes les assurances sur la vie, créent des valeurs, puisqu'elles rassemblent *des parcelles de capitaux*, puisqu'elles solidarisent et capitalisent de petites épargnes, qui sans elles resteraient impuissantes et improductives ; en un mot, puisqu'elles font des *millions* avec des *centimes*.

Voilà pourquoi nous avons eu raison de dire qu'il y a en Angleterre quatre milliards qui n'existeraient pas sans les assurances.

Quatre milliards ! c'est juste tout l'argent qui circule en France.

En résumé :

L'assurance est productive, puisqu'elle fait disparaître le danger en le distribuant sur un très-grand nombre de propriétés ;

L'assurance est productive, puisqu'elle donne le certain en échange de l'incertain, puisqu'elle crée la sécurité.

L'assurance est productive, puisqu'elle rassemble des capitaux qui ne se formeraient pas sans elle;

L'assurance est productive, puisqu'elle est conservatrice, et qu'elle s'oppose au déchet du capital social;

Enfin, l'assurance est productive, puisqu'elle rend possibles des transactions qui ne se feraient pas sans elle.

Si effectivement il ne se trouvait personne pour courir le risque de mer, il n'y aurait pas de commerce maritime.

Le développement industriel, commercial et financier d'une nation dépend avant tout du degré de sécurité offerte à la propriété et au capital; donc il est en rapport direct avec le développement de l'assurance, et la stabilité qu'elle donne à nos entreprises, la sécurité qu'elle procure font de cette institution l'une des bases économiques de la société.

Lorsque à tous ces avantages vient se joindre celui de l'épargne, « le plus grand bienfait, dit Michel Chevalier, qu'une génération puisse léguer à celle qui la suit, » quand à ce double bienfait de la sécurité et de l'épargne vient encore se joindre la puissance de la capitalisation, qui fait de *l'argent* avec du *temps*, comment ne pas voir dans les assurances sur la vie une des sources les plus fécondes de richesse et de prospérité pour les nations ?

Or, tout ce que nous pourrons dire relativement aux assurances sur la vie se résume ainsi : Vous cherchez des placements avantageux?— J'en vois peu de meilleurs, je n'en vois point de plus sûrs. — Vous voulez des richesses durables ? — A côté de vous, à vos pieds, vous avez une source de richesses que vous ne voyez pas, et où il ne tient qu'à vous de puiser.

CHAPITRE V

LES ASSURANCES SUR LA VIE SONT-ELLES DES ASSURANCES ?

Quand on parle d'assurances contre l'incendie, d'assurances maritimes, tout le monde comprend de quoi il s'agit; il n'en est pas de même quand on parle d'assurances sur la vie. L'expression, par elle-même, n'est pas suffisamment claire.

En quoi consistent ces opérations ?

Quel danger s'agit-il de conjurer ?

Contre quel risque s'assure-t-on ?

La vie est-elle l'objet de l'assurance ?

Enfin, les assurances sur la vie sont-elles des assurances ?

L'ignorance en cette matière étant la principale cause de l'insuccès, toutes ces questions doivent être soigneusement discutées. Il n'est pas d'explication si simple, si élémentaire qu'elle soit, si évidente qu'elle paraisse, qui puisse être négligée quand il s'agit de dissiper tant d'erreurs et de préjugés.

Ce qui contribue le plus à entretenir l'ignorance au sujet des assurances sur la vie, et à retarder leurs progrès en France, c'est que l'on confond généralement sous ce nom plusieurs opérations très-différentes, et dont quelques-unes n'ont aucun caractère de certitude.

Il est certain qu'en matière de transactions viagères, l'abus a précédé l'usage, et il sera toujours fâcheux pour les assurances sur la vie d'avoir succédé aux *tontines*, qu'il ne faut pas confondre avec les assurances mutuelles. La différence est tellement grande, tellement tranchée, que pour la faire sentir en peu de mots, je ne crains pas de formuler ce jugement : le mal causé par les tontines ne peut être réparé que par les assurances.

Il est bien évident que des opérations qui ne garantissent rien, qui *n'assurent* rien, quel que puisse être d'ailleurs leur mérite, ne doivent pas porter le nom d'assurances sur la vie ; autrement, il faudrait distinguer deux sortes d'assurances : des assurances qui *assurent*, et des assurances qui *n'assurent pas*.

Avant d'entrer dans la discussion des questions que nous nous sommes posées, rappelons sommairement en quoi consiste l'assurance, quels sont les conditions d'existence, les caractères propres, les éléments constitutifs de toute transaction qui mérite ce nom.

Le hasard a son droit imprescriptible sur toutes nos possessions, sa part fatale dans toutes nos entreprises. S'assurer : c'est faire la part du hasard :

c'est lui racheter son droit. — Tant que nous ne sommes pas assurés, il est co-propriétaire de nos biens. Pour rester seuls propriétaires, il faut l'exproprier en lui payant indemnité, de peur qu'il ne nous exproprie sans indemnité; il faut l'évincer, de peur qu'il ne nous évince. — Or, cette expropriation, cette éviction du hasard : voilà précisément en quoi consiste l'assurance.

Suivant qu'on l'envisage en elle-même, dans son objet, dans ses moyens, dans son but, dans ses caractères ou dans ses résultats, on arrive à l'une des définitions suivantes :

L'assurance est l'éviction, l'élimination du hasard dans les entreprises humaines.

C'est la division des risques à l'infini.

C'est la réparation des désastres fortuits incombant au petit nombre, par les contributions du plus grand nombre.

C'est la transformation d'une valeur incertaine, aléatoire, ou simplement indéterminée, en une valeur fixe, certaine et parfaitement déterminée.

C'est la réduction des bénéfices de toutes les entreprises de même espèce à leur valeur moyenne (S.-F. Lacroix.)

En un mot, l'assurance : c'est la garantie d'un risque (A. de Courcy.)

Ces définitions correspondant aux différents points de vue sous lesquels on peut envisager la question, essayons de les identifier. L'assurance évince le hasard, c'est-à-dire qu'elle élimine les risques, les chances de perte par cas fortuit. — Mais comment fait-elle disparaître les chances de perte, comment élimine-t-elle les risques? — En les divisant. — Comment s'opère cette division des risques ? — Par leur répartition entre tous les assurés, proportionnellement à la valeur de leurs propriétés respectives et aux dangers qu'elles courent. Quel est le résultat de cette éviction du hasard, de cette division et de cette répartition des risques ? — La transformation de la valeur aléatoire en une valeur fixe, certaine ; la réduction des bénéfices de toutes les entreprises de même espèce à leur valeur moyenne ; la sécurité substituée à l'inquiétude, le certain à l'incertain, la garantie au risque.

Ainsi, toute assurance suppose un risque. — Malheureusement, la réciproque n'est pas vraie : tous les risques, tous les dangers que court l'humanité ne comportent pas une assurance, ne sont pas susceptibles d'une garantie, et comme le fait très-judicieusement observer M. de Courcy : l'assurance contre un danger qui menace tout le monde serait tout aussi vaine, tout aussi illusoire que l'assurance contre un danger qui ne menace personne.

Or, en matière d'assurances sur la vie, le sinistre, disons mieux, l'échéance est fatale : la mort n'épargne personne, Malherbe l'a dit en très-beaux vers, et il semble que l'assurance contre un tel fléau soit parfaitement chimérique. Aussi bien, la vie n'est-elle pas l'objet de l'assurance ; ce n'est pas la mort qu'on pense éviter en s'assurant ; il ne s'agit pas de nous soustraire aux éternelles lois de la nature. — Il s'agit, au contraire, de les faire tourner à notre profit en nous y soumettant. — Comment peut-on espérer vaincre la nature, l'asservir à nos besoins ? — En lui obéissant. — Voilà la grande révélation apportée par la science moderne. — « *Vincere obediendo*, » c'est la devise philosophique de Bacon.

Quel est donc le danger dont on se garantit en souscrivant une assurance en cas de mort ?

Le danger : c'est de mourir prématurément, c'est de quitter cette vie avant d'avoir pu satisfaire à ses obligations personnelles et remplir des devoirs sacrés.

Le danger : c'est que le capital représenté par l'activité, le talent, le travail du chef de famille, périsse tout entier avec lui.

Le danger : c'est que les ressources de la famille s'éteignent avec la vie de celui qui était son unique soutien ; c'est que l'honneur du nom soit enseveli avec celui qui le porte.

Le danger, en un mot : c'est que la mort nous surprenne, et la mort nous surprend toujours.

La vie est un bien dont la valeur peut être appréciée ; cette valeur a pour mesure le produit de l'intelligence, du talent, du travail de l'homme. — Ce n'est pas la vie, c'est cette valeur qui est l'objet de l'assurance. Or, les ressources que l'homme tire de son travail sont personnelles et essentiellement viagères ; elles peuvent être, elles sont le plus souvent en France l'unique fortune d'une famille qu'elle fait vivre dans l'aisance, et c'est au moment où cette famille en aura le plus besoin, que ces ressources lui manqueront tout à coup. Voilà l'éventualité douloureuse contre laquelle l'assurance sur la vie est la seule garantie efficace.

Voici une grande vérité sur laquelle on ne saurait trop insister :

Il existe pour tous, même pour celui qui n'a d'autres ressources que son travail, un moyen sûr, infaillible, de créer un patrimoine, des dotations pour ses enfants, d'éteindre des dettes, de constituer des legs, des rentes viagères, des fondations pieuses, etc.

Ce moyen, sur lequel je voudrais attirer l'attention de tous les chefs de famille, c'est l'assurance sur la vie, ou, pour mieux dire, la principale des combinaisons d'assurances sur la vie, celle qui a donné son nom au système, l'*assurance en cas de mort*.

Elle permet à chacun, moyennant une somme annuelle payée pendant la durée de sa vie, de laisser après lui un capital déterminé d'avance à ses enfants, à sa veuve, à ses ayants droit. La vie d'un chef de famille, ou plutôt son activité productive, qui est subordonnée à sa vie, devient pour les siens un bien précieux, dont il peut ainsi, en quelque sorte, leur transmettre la valeur.

L'adage « *liberum corpus estimationem non recipit* » ne saurait infirmer nos conclusions, et j'avoue qu'y voir une objection contre les assurances sur la vie, serait une singulière interprétation du sentiment de la dignité humaine. L'intelligence, le talent, l'emploi que nous faisons de nos facultés ne reçoivent-ils pas tous les jours une estimation? Le médecin, l'artiste, l'avocat, l'homme de lettres, en recevant le prix de leur travail, *estimationem recipiunt*, et pour autant ne font pas abnégation de leur dignité. La vie de chaque individu peut être assimilée à un capital, puisqu'elle produit un revenu : c'est ce revenu que l'assurance garantit contre les chances de mort prématurée.

De même que la loi assure à nos héritiers la possession de nos biens après notre décès, de même l'assurance leur garantit la survivance de notre travail, du produit que nous en tirions pendant notre vie.

Un homme a la sagesse, la prévoyance d'économiser annuellement une certaine somme : très-bien! Mais sait-il pendant combien de temps il pourra économiser ainsi? — La mort peut le surprendre avant qu'il ait pu réaliser le capital qui suffirait à mettre sa veuve et ses enfants à l'abri du besoin ou à exonérer sa succession. — Une fois assuré, les choses se passent comme s'il était sûr de vivre le temps nécessaire à accumuler, par l'épargne seule, le capital qu'il a voulu garantir à ses héritiers, Le produit de ses économies est donc une valeur incertaine, aléatoire, que l'assurance sur la vie transforme en une valeur fixe, certaine, et cette transformation est faite, ce patrimoine est réalisé dès que le premier versement est effectué. Alors la sécurité a succédé à l'inquiétude, le certain à l'incertain, la garantie au risque. L'assurance sur la vie a donc bien tous les caractères d'une assurance.

L'assurance contre l'incendie, l'assurance maritime n'ont pas pour but d'empêcher les désastreux effets des fléaux ; mais d'atténuer ces effets, de les rendre insensibles, en indemnisant la minorité atteinte au moyen des cotisations de la majorité épargnée. Dans les assurances sur la vie, l'analogie est frappante : elles ne préservent pas l'existence du père de famille assuré, mais elles garantissent ses héritiers contre la gène, contre la ruine que peut entraîner sa mort prématurée.

On assure sa maison, son mobilier contre le feu, ses navires, ses marchandises contre les risques de mer, ses récoltes contre la grèle, ses bestiaux même contre l'épizootie : pourquoi n'assurerait-on pas sa vie, qui est bien plus précieuse et bien plus exposée ?

Concluons donc que l'assurance sur la vie n'est pas seulement un devoir impérieux, c'est l'expression sociale d'une loi universelle. Cette loi est une des plus saillantes, une des plus fortement empreintes dans toute la nature : on l'appelle la *loi de conservation des espèces;* elle veut que les charges des ascendants ne retombent pas sur les descendants, et que l'avenir d'une génération soit préparé, sauvegardé, *assuré* par la génération qui précède.

CHAPITRE VI

DES TRANSACTIONS VIAGÈRES.

Avant d'entrer dans les explications relatives aux différentes combinaisons d'assurances sur la vie, je vais essayer de donner une idée générale de ces opérations, et d'indiquer sommairement en quoi elles consistent.

Je voudrais que, après avoir lu ce qui suit, chacun pût se récrier sur la simplicité de ces questions réputées si complexes, j'ai presque dit, si troubles.

Je voudrais enfin que le lecteur — que je suppose complétement étranger à cet ordre d'idées — arrivât de lui-même à cette conclusion implicitement renfermée dans notre thèse : *Les assurances sur la vie intéressent tout le monde.*

La question des assurances sur la vie fait partie d'une théorie plus générale : celle des transactions viagères. — Qu'on ne s'effraye pas de ce mot *théorie ;* ici, la brièveté plaidera en faveur de l'aridité de la matière, et nous tâcherons de ne pas perdre de vue que la clarté, comme le disait Arago, est la politesse de ceux qui parlent en public.

Tout contrat, toute convention, toute transaction basée sur les chances de la vie humaine peut s'appeler une *transaction viagère*.

La propriété étant, d'après nos lois, l'objet d'un droit absolu (Code civil, tit. II, art. 544), dans toute propriété qu'on ne détruit pas, et dont on ne consomme que les revenus, il y a lieu de distinguer deux parts : l'une qui représente la jouissance du propriétaire, sa vie durant, et qui correspond à un *usufruit;* l'autre qui représente la jouissance des héritiers, et qui correspond à une *nu-propriété.*

Pour mieux comprendre cette division, représentons-nous la propriété productive de revenus comme une rente perpétuelle; cette rente peut évidemment être considérée comme composée de deux parties : la première qui s'étend jusqu'au décès du propriétaire actuel [1], et qui n'est autre chose qu'une rente viagère; la seconde, qui commence au décès du propriétaire, et dont jouiront ses héritiers jusqu'à la dernière génération : je l'appelle la rente *extra-viagère.*

La somme de ces deux parties, rente viagère et rente extra-viagère, constitue la rente perpétuelle,

---

1. Ou, pour plus de généralité, jusqu'au dernier décès de deux ou plusieurs têtes.

comme l'usufruit et la nu-propriété ensemble constituent la toute-propriété.

En laissant de côté les définitions du code et des légistes, on peut parfaitement éviter ce néologisme de rente *extra-viagère* ou revenu *extra-viager*, et se servir du terme de nu-propriété. Les jurisconsultes peuvent avoir d'autres manières de voir; mais l'algèbre ne met aucune différence entre la valeur d'un usufruit et celle d'une rente viagère, ni entre la valeur d'une nu-propriété et celle d'une somme payable au décès : or, nous ne faisons ici que traduire de l'algèbre en français, pour la plus grande simplification de la question qui nous occupe.

Ainsi, dans une propriété qu'on ne détruit pas, et dont on ne consomme que les revenus, nous distinguons trois choses :

1º L'usufruit, ou la valeur actuelle du revenu viager, qui représente la jouissance du propriétaire, sa vie durant ;

2º La nu-propriété, ou la valeur actuelle du revenu extra-viager, qui représente la jouissance des héritiers ;

3º Enfin, la toute-propriété, qui est l'ensemble, mais non la somme des deux premières parties [1],

---

1. Dans ce cas, la somme des parties n'est pas égale au tout, parce que les parties sont des valeurs aléatoires, et que le tout est une valeur fixe et certaine. Or, pour transformer une valeur aléatoire en une valeur certaine, il faut l'emploi d'un mécanisme qui exige nécessairement une déperdition de valeur. Ce mécanisme est précisément *l'assurance.*

c'est-à-dire, la valeur actuelle de la propriété tout entière.

Cela posé, transformer ces valeurs l'une dans l'autre, tel est l'objet de toute transaction viagère.

De là deux catégories principales de transactions viagères :

Premièrement, celles qui consistent dans la transformation d'une nu-propriété en un usufruit ou en un capital immédiatement exigible, c'est-à-dire dans l'aliénation de tout ou partie de la nu-propriété ou du revenu extra-viager pour constituer ou accroître le revenu viager : telles sont les opérations que les Compagnies d'assurances sur la vie désignent sous le nom de constitution de rentes viagères, achats de nu-propriétés, rachats d'assurances payables au décès, etc.

Secondement, celles qui consistent dans la transformation d'un usufruit en nu-propriété, c'est-à-dire dans l'aliénation de tout ou partie du revenu viager pour créer ou augmenter la nu-propriété, la part des héritiers : telles sont les assurances au décès, dont nous avons déjà dit quelques mots et auxquelles nous consacrerons encore plusieurs chapitres.

Si simple qu'elle soit, cette théorie convient néanmoins à tous les cas; pour lui donner toute la généralité qu'elle comporte, il suffit d'ajouter que l'aliénation de l'une des parties de la propriété au profit de l'autre peut être totale ou partielle, temporaire ou pour la vie entière, et peut être défaite par une transaction contraire.

Dans cet ordre d'idées, un père de famille n'est que l'usufruitier des biens dont ses enfants sont les nu-propriétaires. Il doit donc veiller à la conservation de la nu-propriété, l'augmenter si elle est insuffisante, la créer si elle n'existe pas. S'il ne possède pour toute fortune que les ressources essentiellement viagères qu'il tire de sa profession, il doit aliéner une fraction de son revenu viager pour constituer un patrimoine à ses enfants, en un mot, il doit s'assurer : c'est là une des applications les plus importantes, les plus bienfaisantes de la théorie des transactions viagères, je veux dire : *l'assurance en cas de mort.*

Au contraire, l'homme qui n'a pas d'héritiers, celui dont l'État ou de riches collatéraux sont les seuls héritiers, n'est tenu de pourvoir à la subsistance de personne; il a donc parfaitement le droit d'augmenter son revenu viager en aliénant la nu-propriété de ses biens, c'est-à-dire la partie de sa propriété qui ne l'intéresse pas, et de se constituer une *rente viagère.*

Le prêt viager qui statutairement fait partie des opérations du Crédit foncier de France, n'est autre chose que l'aliénation par l'emprunteur d'un revenu viager qu'il transforme en un capital immédiatement exigible. Pour le prêteur, c'est-à-dire, pour la Compagnie, c'est l'escompte d'un certain nombre d'annuités viagères, dont le service est garanti par une hypothèque ; c'est l'équivalent d'un achat d'usufruit ou de rente viagère. L'opération a pour effet de sauvegarder le patrimoine de l'emprunteur, d'empêcher que la part des héritiers ne soit compromise, car l'obligation devient ainsi tout à fait personnelle et cesse au décès de celui qui l'a contractée ; or, ce bienfait est entièrement dû à l'assurance sur la vie.

Ce n'est pas ici le lieu de donner à cette théorie des transactions viagères tous les développements qu'elle comporte : nous y reviendrons ; mais ce simple aperçu fait entrevoir combien elle est féconde, quel immense développement le crédit peut recevoir de ces opérations, qui prennent l'homme dans toutes les positions de la vie, qui multiplient les capitaux et les propriétaires en ouvrant de nouvelles voies à l'épargne.

Toutes les opérations des Compagnies d'assurance sur la vie se divisent en deux branches bien distinctes, qui correspondent aux deux catégories que nous avons indiquées :

Assurances en cas de vie. — Assurances en cas de mort.

Les autres combinaisons ne sont que des ramifications de celles-ci.

Les assurances en cas de mort ont pour objet un capital ou une rente ; elles peuvent être faites pour la vie entière, différées ou temporaires, reposer sur une ou plusieurs têtes, dépendre d'un certain ordre de survivance. Ainsi, dans le cas de deux têtes, la somme assurée peut être stipulée payable au survivant quelconque, ou au survivant désigné, ou encore après le dernier décès. Enfin, le mode de payement peut différer dans chaque cas particulier et donner lieu à des subdivisions différentes.

Les assurances en cas de vie peuvent avoir pour objet un capital ou une rente, mais toujours payables du vivant de l'assuré, et ne profitant qu'à lui.

Les rentes viagères offrent de très-nombreuses combinaisons : elles peuvent reposer sur plusieurs têtes, avec ou sans reversibilité. La reversibilité peut être totale ou partielle.

La rente peut être payable au survivant désigné ou au survivant quelconque. Dans chacune de ces hypothèses, elle peut être immédiate, différée ou temporaire ; enfin, le mode de payement des arrérages, ou celui des primes à payer pour constituer la rente, peuvent être variés de mille manières, et, pour ainsi dire, au caprice du souscripteur.

Le calcul se plie avec une merveilleuse facilité à toutes ces opérations, en apparence si differentes, au fond si uniformes.

En dernière analyse, tout se réduit, pour une Compagnie, à des annuités qu'on lui paye ou qu'elle paye. — Elle prête et elle emprunte, ou plutôt elle vend et elle achète des chances. — On voit que les usufruits forment la contre-partie des rentes viagères, les nu-propriétés, celle des assurances au décès, etc., et en général que les risques de vie doivent contre-balancer les risques de mort; en sorte qu'une Compagnie, pour opérer avec cette sécurité parfaite qui est la première garantie des assurés, n'a qu'à maintenir la balance égale entre ces deux espèces de transactions viagères.

De ce système résultent les avantages les plus considérables. Ainsi, la Compagnie d'assurances se trouve désintéressée dans les mouvements de la mortalité ; elle n'a même plus, pour ainsi dire, à s'inquiéter de l'incertitude qui est inséparable de l'appréciation des chances. — Les inégalités, les erreurs même, provenant des données ou de leur tarification, se compensent mutuellement, puisqu'elles figurent simultanément en plus et en moins dans ses comptes, c'est-à-dire, en même temps à profits et à pertes ; en autres termes, puisque les erreurs et les risques sont tantôt positifs, tantôt négatifs, tantôt à son avantage, tantôt à son préjudice.

C'est grâce à ce mécanisme de l'*équilibre des risques* que les opérations des Compagnies d'assurances sur la vie peuvent acquérir un caractère de certitude absolue.

CHAPITRE VII

DE L'ASSURANCE EN CAS DE MORT.

L'homme meurt à tout âge. La liberté, qui est son apanage exclusif, ne lui sert qu'à précipiter sa fin ; il ne meurt pas, il se tue, « au lieu que les animaux, dit Buffon, semblent parcourir d'un pas égal et ferme l'espace de la vie. »

D'après l'opinion du savant naturaliste, confirmée par les découvertes récentes de la physiologie moderne, la durée *normale* de la vie humaine est de cent ans. La durée *moyenne* est bien différente : on l'évalue en France à trente-trois ans environ, soit à peu près le tiers de la vie possible.

Ce qui veut dire que, si l'on prend la somme des années vécues par tous les individus qui composent une génération, et qu'on la répartisse également entre eux, la part de chacun est trente-trois ans. Cette durée moyenne de trente-trois ans représente la vitalité du groupe considéré comme un seul homme.

Si nous étions assurés de vivre ce siècle de vie

normale que nous promet M. Flourens, l'épargne seule suffirait à réaliser « la grande idée de la science économique, à savoir, comme le dit Vico, qu'il faut que les pères, par leur travail et leur industrie, laissent à leurs fils un patrimoine... » Les assurances sur la vie seraient inutiles, ou plutôt elles se réduiraient à de simples questions d'intérêt. Les rentes viagères ne seraient plus qu'une affaire d'amortissement, et l'assurance au décès un placement à long terme.

Mais puisque la faculté de manger sans faim, de boire sans soif et le reste, en d'autres termes, puisque le privilége d'enfreindre les lois de notre nature nous coûte les deux tiers de notre existence normale, puisque l'homme meurt à tout âge, et que la longévité humaine est l'exception au lieu d'être la règle, l'épargne ne suffit plus, et l'assurance en cas de mort devient nécessaire à la *constitution du patrimoine*, cette grande loi économique dont parle Vico. On va voir que, malgré cette complication du danger annuel continuellement variable, l'assurance en cas de mort est très-praticable, et même très-aisée.

Un calcul fort simple, ou tout simplement une table d'intérêts, donne la valeur actuelle d'une somme payable dans un an, dans deux ans, dans dix ans, dans cent ans. — D'un autre côté, la statistique apprend que sur dix mille personnes de quarante ans, par exemple, 189 n'atteignent pas l'âge de quarante et un ans, c'est-à-dire que *deux pour cent* environ meurent dans le cours de la première année, — 190 s'éteignent de 41 à 42 ans, — 191 des survivants à 42 ans décèdent avant d'atteindre 43 ans, et ainsi de suite jusqu'aux dernières limites de la vie humaine, soit, pour fixer les idées, jusqu'à cent ans.

Cela posé, une personne de quarante ans veut assurer cent mille francs payables à ses héritiers lors de son décès. Que devra-t-elle payer ? — On devra lui demander 189 *dix-millièmes*, soit environ *deux pour cent* de la valeur actuelle de cette somme payable dans un an, pour l'assurer en cas de mort pendant la première année, plus 190 *dix-millièmes*, soit encore près de *deux pour cent* de la valeur actuelle de cette même somme payable dans deux ans, pour l'assurer en cas de mort dans le cours de la deuxième année ; 191 *dix-millièmes*, ou à peu près *deux pour cent* de la valeur actuelle de cette même somme payable dans trois ans, pour le cas où elle décéderait de quarante-deux à quarante-trois ans, c'est-à-dire dans le cours de la troisième année, et ainsi de suite, d'année en année, jusqu'à l'âge de cent ans. En ajoutant ces soixante quantités, on obtient avec toute l'exactitude possible la valeur actuelle de cent mille francs payables au décès d'une tête de quarante ans. — C'est la *prime unique* d'assurance en cas de mort pour la vie entière.

Un procédé analogue et tout aussi simple fera trouver la valeur actuelle d'une rente de 1 franc payée d'avance à une personne de quarante ans, ou par cette personne elle-même, pendant toute la durée de sa vie.

Autant de fois cette seconde quantité sera contenue dans la première, autant l'annuité d'*amortissement viager* contiendra de francs ; c'est la *prime annuelle* qu'on obtient ainsi par une simple division.

Nous devons toujours nous préoccuper du degré d'attention qu'on peut accorder à de pareilles explications ; mais ici la crainte de fatiguer le lecteur devait céder devant le désir de ne laisser subsister dans son esprit aucun doute, aucune obscurité au sujet de la détermination des primes d'assurance.

Le calcul des probabilités fournit une solution simple et élégante de cette question ; mais il n'est, comme on le voit, nul besoin d'y recourir, et pour ne pas rester au-dessous de notre tâche, qui consiste à vulgariser, nous tenions surtout à faire voir qu'il n'y a rien de transcendant en ces matières, si ce n'est l'appréhension qu'elles inspirent.

De toutes les combinaisons d'assurances sur la vie, la plus importante, la plus féconde, la plus ingénieusement bienfaisante, c'est l'assurance pour la vie entière, autrement dit, l'assurance payable au décès.

On a vu en quoi elle consiste : une personne verse annuellement, sa vie durant, une certaine somme pour qu'à sa mort ses héritiers reçoivent un capital ou une rente dont la valeur est hors de proportion avec ce versement.

Il faudrait de longues années, une persévérance et une économie soutenues, pour accumuler par l'épargne seule un capital qui est réalisé immédiatement si une mort prématurée vient priver la famille de son appui.

Si nous échappons à ce danger d'une mort prématurée, si nos jours se prolongent au delà du temps qui aurait suffi à accumuler par l'épargne seule le capital assuré, rien n'est perdu des sommes que nous avons versées ; plus notre vie se prolonge, plus le capital assuré s'accroît, ou plus les primes à payer diminuent. — Ici, ce n'est plus seulement une assurance pure et simple, c'est-à-dire la garantie d'un risque, c'est un véritable placement : on ne travaille pas seulement pour soi, mais pour sa famille. Un père épargne surtout en vue de l'avenir de ses enfants, et, grâce à la *participation* que les Compagnies lui accordent dans leurs bénéfices, l'assurance en cas de mort, contractée pour sa vie entière, est le placement le plus avantageux qu'il puisse faire, non-seulement dans l'intérêt des siens, mais même dans son propre intérêt.

Je craindrais qu'on ne vît une exagération, un excès de zèle de ma part dans cette manière de présenter l'assurance au décès comme un placement, si je ne cédais, encore cette fois, au désir de ne rien avancer que je ne prouve. Ce sera le sujet du chapitre suivant.

Riche ou pauvre, il n'est pas une famille dont le chef n'ait intérêt à souscrire une assurance sur sa tête. J'espère rendre cette vérité palpable, et pour commencer, je ne crois pas pouvoir mieux faire que de transcrire ici l'appel « conçu en termes simples et touchants » qu'une des plus anciennes Compagnies de Londres adresse au public, et dont j'emprunte la traduction à l'excellent travail de M. de Courcy concernant les assurances sur la vie en Angleterre et en France.

« C'est un devoir pour tout homme placé par la Providence dans la situation responsable d'époux, de père ou de tuteur, de pourvoir aux besoins de ces êtres faibles dont il est le seul appui, de telle sorte qu'en cas d'une mort soudaine ou prématurée, une partie au moins du bien qu'il leur faisait durant sa vie leur soit continuée.

» Avant l'établissement des assurances sur la vie, épargner sur nos revenus, pour l'avenir de nos enfants, c'était une œuvre qui demandait du temps, de la prudence et de la persévérance. Sans doute, il y a plaisir et satisfaction intime à économiser année par année, petit à petit, et à voir les épargnes de la jeunesse et de l'âge mûr s'accroître successivement, jusqu'à devenir, dans la vieillesse, des sommes importantes; mais c'est, on doit le reconnaître, un plaisir exposé à bien des hasards.

» Il faudra une grande fermeté de résolution pour que, dans toutes les circonstances et quelles que soient les tentations de dépense, on s'interdise de toucher à ce fonds sacré. En outre, le plan le plus fermement suivi se trouvera en défaut, précisément dans les cas où son bienfait serait le plus désirable. La mort peut survenir avant que les épargnes du père de famille aient créé un patrimoine à ses enfants, et c'est là l'éventualité redoutable à laquelle il est si important de pourvoir.

» L'assurance sur la vie est le seul remède certain à ce mal, la seule garantie efficace des enfants et des veuves contre la pauvreté. Combien d'appels faits journellement à la générosité d'étrangers en faveur de veuves et d'orphelins auraient été évités, si le père imprévoyant avait eu recours à une assurance! Combien il eût épargné à ceux qu'il aimait d'amertume et d'humiliation, par une précaution si facile!... Quand on considère quel léger sacrifice prélevé sur les dépenses ordinaires, peut-être sur les futilités du ménage, suffirait à fonder un patrimoine. Quand on pense combien de sécurité et de paix d'esprit peut s'acheter au prix de quelques économies annuelles, on éprouve une double impression de surprise et de blâme, on s'étonne que tout chef de famille ne se sente pas excité, comme par un devoir social, religieux et moral envers la société et envers lui-même, à faire, au printemps de sa vie, une assurance correspondante à son aisance dans une des nombreuses institutions dont la Grande-Bretagne abonde. Il est vraiment difficile de croire qu'un homme soit assez aveuglé sur ses propres intérêts, assez peu soucieux de son indépendance, assez sourd à la voix de l'affection et de l'humanité, pour livrer les objets de sa tendresse à la froide charité d'étrangers, aux horreurs de la pauvreté et de l'abandon, alors qu'il a devant lui un moyen si facile de les protéger.

» Je le demande, ajoute M. de Courcy, connaît-on une autre industrie qui, pour solliciter la bourse du public, eût le droit d'employer dans ses annonces un langage aussi élevé? Et ici ce langage est pur de tout charlatanisme; un siècle et demi d'expérience en a consacré la sincérité et justifié les promesses. Encore une fois, pourquoi ne serait-il pas entendu en France? »

Je citerai encore souvent les travaux de M. de Courcy; car, outre qu'il me serait impossible de mieux penser et de mieux dire, je trouve dans les paroles de l'éminent écrivain la plus précieuse justification d'un enthousiasme dont on aurait pu me croire seul animé, en faveur d'une cause qui semble abandonnée de ceux-là mêmes qui auraient le plus intérêt à la défendre.

CHAPITRE VIII

L'ASSURANCE POUR LA VIE ENTIÈRE EST UN VÉRITABLE PLACEMENT.

> .....S'assurer c'est épargner.
>
> E. R.

L'assurance pour la vie entière est un contrat authentique, par lequel une Compagnie prend l'engagement de payer un capital ou une rente, au décès de l'assuré, lequel, de son côté, s'engage à payer annuellement à la Compagnie une prime invariablement déterminée.

Si ce contrat constitue une assurance, quel est le danger, quel est le risque contre lequel on s'assure?

Nous l'avons dit : contre le danger d'une mort prématurée, contre le risque de quitter cette vie avant d'avoir pu satisfaire à des obligations personnelles, avant d'avoir pu remplir des devoirs sacrés.

Mais il ne faut pas concevoir cette transaction viagère qu'on appelle *assurance pour la vie entière*, ou mieux, *assurance payable au décès*, comme une assurance pure et simple, c'est-à-dire uniquement comme la garantie d'un risque ; c'est bien plus qu'une assurance : c'est un véritable placement, un placement des plus sûrs, et même le meilleur de tous, quand il s'agit de créer à sa famille des ressources pour un temps où l'on doit craindre de ne plus suffire à ses besoins. Ce n'est pas seulement la garantie d'un risque, c'est en même temps une épargne, c'est l'*épargne solidarisée*, c'est-à-dire l'épargne sous sa forme la plus féconde, l'épargne élevée à sa plus haute puissance.

Quand vous assurez votre maison contre l'incendie, vos marchandises contre les risques de navigation, vos récoltes contre la grêle, vous faites la part du fléau, vous achetez de la sécurité : c'est une dépense, ce n'est pas un placement. Si le sinistre ne se réalise pas, et il est très-possible qu'il ne se réalise pas, les sommes versées sont acquises à la Compagnie, et, à part la sécurité, vous ne recueillerez jamais aucun fruit de votre prévoyance. Certes, je ne vois pas de meilleur emploi à faire d'une minime partie de son capital que d'acheter cette précieuse sécurité, et je crois être dans la mesure qui convient à l'assurance en général, en disant que c'est la plus urgente, la plus utile, la plus sage de toutes les dépenses ; mais je reste bien au-dessous de la vérité s'il s'agit de l'assurance sur la vie.

Dans ce cas, s'assurer, c'est épargner. Rien

n'est perdu, je dis mieux, rien n'est dépensé des sommes que vous avez versées dans l'*assurance au décès* : tout fructifiera, sans perdre un centime ni une minute, au profit de vos héritiers désignés, ou à votre profit, si les circonstances ont changé qui vous avaient fait souscrire votre contrat, car la Compagnie est toujours disposée à le racheter, et même à vous en prêter la valeur, qu'elle tient constamment à votre service. Le contrat ne peut donc jamais devenir onéreux, et comme le dit excellemment M. de Courcy : « Bien loin que » l'assurance puisse jamais inquiéter, comme » une série d'échéances rigoureuses et lointai- » nes, elle crée, au contraire, à l'assuré un » moyen de crédit, une ressource toujours réali- » sable en cas de revers, ce qui complète son » bienfait. »

Tôt ou tard, le capital assuré sera payé. L'é- chéance est indéterminée, mais elle n'est pas douteuse, car la mort est inévitable. Dans les autres assurances, le sinistre est possible; ici, le sinistre est fatal, et non-seulement fatal, mais total, et, de plus, sans contestation possible. — Un assuré meurt, — ses héritiers n'ont qu'à pro- duire l'acte de décès, et la Compagnie paye. Le règlement d'avaries, matière contentieuse, s'il en fut, est une source continuelle de difficultés et de litiges dans les autres branches d'assurances; je n'ai pas besoin d'ajouter qu'il n'en saurait être question dans l'assurance en cas de mort.

Pour bien comprendre tout l'intérêt de cette transaction au point de vue de l'assuré, il faut comparer les avantages qu'il acquiert avec ceux qu'il abandonne, en réduisant volontairement à sa moyenne le produit des épargnes qu'il peut espérer réaliser pendant sa vie.

Supposons un homme qui peut épargner annuellement 2,500 fr. sur les émoluments de sa profession : il lui faudra environ vingt-trois années de persévérance et d'économie soutenues pour réaliser, avec des placements sûrs, cent mille francs que l'assurance lui garantit dès la première année, dès le premier jour même de son contrat.

Ce premier résultat est tellement remarquable qu'il faut, sans aller plus loin, montrer comment les Compagnies peuvent l'obtenir. Parmi tous les assurés du même âge, il en est qui s'éteindront avant d'avoir atteint ce terme de vingt-trois années; les autres prolongeront leur vie au delà; ceux-ci, par les primes qu'ils continueront à payer, compenseront les pertes occasionnées par les premiers, et, pour les Compagnies, les choses se passeront comme si tous avaient vécu *le laps de temps nécessaire à accumuler par l'épargne seule le capital assuré.* Cette vie fictive, je tiens à le faire remarquer, cette vie théorique, déduite *à posteriori* des calculs d'assurance, n'est ni la *vie moyenne*, ni la *vie probable*, deux résultats de pure statistique, utiles ou plutôt commodes dans le discours, mais absolument inutiles et inusités dans la théorie analytique des transactions viagères.

En somme, les longévités compensent les vies brèves, et l'assureur y trouve son compte; mais l'assuré y trouve, en outre, un avantage considérable, car il abandonne le produit éventuel des épargnes qui dépasseront la moyenne, en échange du produit de celles qui courent risque de ne pas l'atteindre, et qu'on lui assure. Or, ces chances qu'il abandonne sont négligeables et relativement insignifiantes; car, s'il atteint ce terme moyen de vingt-trois années de vie, son but est rempli, la fortune aura probablement couronné ses efforts; dans tous les cas, ses enfants auront grandi, se seront établis, l'éventualité redoutable aura disparu; peu lui importe alors de continuer ou non à payer des primes. Mais on va voir que, par l'effet de la *participation aux bénéfices*, si sa vie se prolonge au delà du terme ordinaire, il récupère et au delà les chances favorables qu'il avait échangées.

Les dividendes, attribués à chaque contrat lors des répartitions périodiques des bénéfices des Compagnies, peuvent être retirés en espèces par les souscripteurs, ou affectés à l'augmentation du capital assuré, ou bien encore, le capital restant le même, ils peuvent être appliqués à la réduction des primes à payer, toujours suivant des calculs aits en raison de l'âge et de l'importance des versements. Toutes les Compagnies laissent à leurs assurés l'option entre ces trois modes de participation.

Grâce à cette combinaison ingénieuse de la participation, sur laquelle, vu son importance, nous nous proposons de revenir, la lutte si vive et si préjudiciable à l'institution des assurances qui s'est engagée, avec un égal aveuglement, entre la mutualité et le système des engagements fixes, est désormais sans objet. La combinaison mixte des engagements fixes garantis par un capital social, avec la mutualité qui est l'assurance par les assurés, réunit les avantages des deux systèmes : « Elle procure la sécurité immédiate
» de l'opération, le capital de la société garantis-
» sant dès la première année le payement de la
» somme promise. Mais cette somme n'est qu'un
» minimum et ses accroissements possibles n'ont
» point de limites. A mesure que se prolonge la
» vie de l'assuré, il a la satisfaction de voir s'aug-
» menter le patrimoine futur de ses enfants, sans
» que lui-même ait à augmenter les sacrifices
» qu'il s'était primitivement imposés. » (A. de Courcy.)

En résumé, pour qui travaille-t-on? pour qui épargne-t-on? — Pour soi et pour les siens. L'assurance sur la vie satisfait à cette double condition. C'est à la fois une garantie et un placement, une épargne pour les siens et pour soi, et ce qu'il y a peut-être de plus admirable dans cette admirable institution, c'est qu'elle s'appuie sur les deux plus puissants ressorts de notre nature, je veux dire sur nos intérêts et sur nos affections; c'est qu'elle a su associer le puissant mobile de l'intérêt personnel au sentiment du devoir et à l'esprit d'ordre, d'économie, de prévoyance, qui, seuls, ont suffi à faire sa fortune en Angleterre.

Concluons donc que le plus grand bienfait qu'une génération puisse léguer à la suivante, ce n'est pas l'épargne, comme le dit Michel Chevalier, mais bien l'assurance sur la vie.

CHAPITRE IX

DE LA PARTICIPATION AUX BÉNÉFICES.

Suivant l'exemple donné en Angleterre en 1806, par la Compagnie *le Rocher*, toutes les Compagnies françaises d'assurances sur la vie accordent à leurs assurés une large participation dans les bénéfices qu'elles réalisent.

Cette participation, dont le souscripteur peut profiter sous l'une des trois formes laissées à son option, savoir : en argent comptant, en augmentation du capital assuré, ou en diminution de la prime à payer, constitue pour lui un avantage très-sérieux et très-important.

Si pour fortifier cette dernière assertion, des exemples paraissaient nécessaires, nous n'éprouverions que l'embarras du choix. Qu'il nous suffise de dire qu'on peut puiser au hasard dans les comptes-rendus et les documents publiés.

On peut considérer cette *participation aux bénéfices* comme un intérêt accordé à l'assuré sur ses versements antérieurs, puisqu'elle se calcule généralement en raison composée du montant des sommes versées et du temps pendant lequel elles sont restées placées. Or, le taux de cet intérêt est d'environ 4 *pour cent* en moyenne; c'est plus que ne donne la *Caisse d'épargnes,* qui ne garantit rien, qui *n'assure* rien, si ce n'est le remboursement pur et simple des dépôts avec leurs intérêts.

Par l'effet de cette participation, l'assuré est traité en quelque sorte plus favorablement que l'actionnaire de la Compagnie, puisqu'il est associé à ses bénéfices, sans être solidaire de ses pertes ni même de ses charges.

Son contrat d'assurance constitue une véritable *obligation* de la valeur du capital assuré, laquelle, indépendamment d'un intérêt annuel de 4 *pour cent* en moyenne, est remboursable, on peut dire, par voie de tirage au sort, puisque c'est l'époque indéterminée de sa mort qui fixe l'échéance du remboursement.

Cette obligation est souscrite moyennant un versement annuel et viager dont l'importance augmente en raison du capital garanti, et de l'âge de l'assuré à la date du contrat. Plus le décès, c'est-à-dire l'échéance, est rapproché, moins le souscripteur a payé, et plus le taux du remboursement est hors de proportion avec les déboursés; plus cette échéance est éloignée, plus, il est vrai, le remboursement se rapproche du pair, mais plus aussi s'accroît la part du souscripteur dans les bénéfices de l'opération.

Ainsi, en supposant que le taux de la prime

soit 2 et 1/2 *pour cent*, un versement annuel de 100 francs assurera au décès un capital fixe de 4,000 fr., en d'autres termes, amortira une obligation remboursable à 4,000 fr.

Si l'assuré meurt dans le cours de la première année, il a versé 100 fr., et son obligation est remboursée à 4,000 fr., donc à *quatre mille pour cent*, c'est-à-dire à 40 fois le pair.

Si le décès a lieu dans le cours de la seconde année, les ayants droit recevront 4,000 fr. pour 200 fr. versés ; l'obligation sera donc remboursée à 20 fois le pair ou la valeur des versements effectués, c'est-à-dire encore à *deux mille pour cent.*

Si l'assuré s'éteint dans le cours de la dixième année, il aura versé 1,000 fr., et l'obligation sera remboursée à 4,000, c'est-à-dire à *quatre cents pour cent.*

Enfin, au bout de quarante ans, il aura versé 4,000 fr., et s'il vient à mourir, son obligation sera remboursée au pair ; mais il ne faut pas perdre de vue que, par suite de sa participation aux bénéfices, en les supposant réduits à leur moyenne observée, il aura touché : au bout de la première année, l'intérêt à 4 *pour cent* des 100 fr. versés, soit 4 fr. ; — au bout de la seconde année, l'intérêt à 4 *pour cent* des 200 fr. versés, soit 8 fr. ; — au bout de la troisième année, l'intérêt à 4 *pour cent* des 300 fr. versés, soit 12 fr....; — au bout de la dixième année, l'intérêt à 4 *pour cent* des 1,000 fr. versés, soit 40 fr., etc.; — enfin, au bout de la quarantième, l'intérêt à 4 *pour cent* de 4,000 fr., soit 160 fr.

Si, au lieu de toucher en espèces, à chaque répartition, sa quote-part dans les bénéfices, comme nous l'avons supposé, cet assuré en avait appliqué la valeur à la réduction de sa prime, elle se serait complétement éteinte au bout de vingt-cinq ans, car à cette époque ses versements se montent à 2,500 fr., dont l'intérêt à 4 *pour cent* est précisément égal à 100 fr., c'est-à-dire à la prime annuelle.

En résumé : si l'assuré opte pour le payement en espèces de sa quote-part dans les bénéfices, il jouira d'un revenu croissant et toujours en rapport avec ses débouisés; s'il préfère en appliquer la valeur à l'augmentation du capital assuré ou à la diminution de la prime à payer, il peut espérer, à l'expiration du temps nécessaire à l'accumulation par l'épargne seule, voir ce capital augmenté de moitié, ou la prime annuelle complétement éteinte ; et enfin, si sa vie se prolonge encore au delà, le capital pourra doubler, tripler, etc., ou sa prime être remplacée par une rente viagère croissante. Si l'on veut bien y regarder de près, ce placement en obligations est un des plus avantageux et des mieux garantis.

Dès lors, que devient l'objection de cherté appliquée aux primes d'assurances sur la vie? — Elle n'a plus aucun sens. Peut-on dire d'un placement qu'il est cher? — Or, ici, s'assurer, c'est épargner; donc plus on verse, plus on a placé, et plus on participe aux avantages du placement.

Depuis que les Compagnies françaises, dans leurs incessants efforts pour populariser les assurances sur la vie, ont adopté cette excellente mesure, un progrès très-sensible s'est manifesté dans le mouvement de leurs opérations. C'est qu'en effet, dans ces conditions, l'assurance n'est plus seulement un acte de dévouement et de sage prévoyance, c'est en même temps le plus sûr, le meilleur des placements que puisse faire un homme placé dans la situation responsable de père, d'époux, de tuteur ou de débiteur à un titre quelconque.

Les résultats de la participation que nous avons signalés dépendent de la prospérité de l'institution, et ne peuvent manquer de devenir plus avantageux à mesure que les bienfaits de l'assurance seront mieux appréciés; nul doute qu'ils n'atteignent le même développement que chez nos voisins. Mais ici nous ne traitons qu'une question purement économique, et nous avons dû nous borner à raisonner d'après des résultats acquis et parfaitement constatés.

Et maintenant, je le demande, avons-nous exagéré en disant que l'assurance sur la vie est l'institution la plus ingénieusement bienfaisante?

Cette *obligation*, dont les intérêts profitent au souscripteur et le capital à ses héritiers, n'est-ce pas le placement le plus sage et le plus solide, l'emploi le plus judicieux que puisse faire d'une partie de son revenu le chef, le membre productif de la famille? Non-seulement rien n'est perdu des sommes versées, mais elles s'accroissent d'une manière sûre et rapide par la capitalisation et la solidarisation. Le temps seul peut féconder l'épargne; mais l'assurance, en conservant toute la puissance de l'épargne, l'affranchit du temps, dompte la mort à notre profit, et réalise d'un coup nos plus chères espérances.

S'assurer, c'est léguer à ses enfants un trésor et un bon exemple.

A raison des préjugés invétérés qui s'attachent aux assurances sur la vie, ces conclusions, nous ne pouvons que le déplorer, ont un faux air de réclame qui peut les rendre suspectes aux meilleurs esprits : mais elles ont pour nous toute la rigueur des vérités mathématiques, et, en les formulant nous n'avons qu'un regret, c'est de ne pouvoir les signer d'un nom plus autorisé.

CHAPITRE X

CONSTITUTION DU PATRIMOINE PAR L'ASSURANCE.

L'assurance payable au décès constitue, avons-nous dit, un véritable placement.

Cette propriété résulte de la nature même du contrat ; elle est tout à fait indépendante de la participation aux bénéfices.

La participation n'est qu'une accession officieuse, un bienfait qui s'ajoute au triple bienfait de la sécurité, de l'épargne solidarisée et de la capitalisation, mais un bienfait contingent, tandis que les autres sont nécessaires, et tiennent à l'essence même du contrat. Elle augmente l'avantage du placement, elle ne le crée pas.

Les préjugés qui s'opposent au progrès des assurances sur la vie disparaîtraient bien vite si ce principe était aussi notoire qu'il est bien constaté. Au fond, ces préjugés ne viennent que d'une erreur grammaticale : le mot *assurance* ne dit pas tout. Nous ne voulons pas rapetisser la question en la réduisant à une dispute de mots ; mais si l'art de raisonner juste consiste, comme l'a dit Condillac, dans une langue bien faite, il n'est pas hors de propos de rappeler que l'analogie est un guide suspect, et qu'ici elle a conduit à des notions confuses et à des erreurs qu'il est difficile de dissiper.

Tous les jours il arrive qu'on emprunte pour un temps indéterminé, en se réservant la faculté de rembourser à volonté, en prévenant, par exemple, trois mois d'avance. Certes, il ne viendra à l'esprit de personne de voir dans cette opération de banque un contrat aléatoire ; elle est cependant bien autrement aléatoire que le contrat qui nous occupe : ce n'est plus la mort, c'est le caprice, ou plutôt ce sont des circonstances impossibles à prévoir qui détermineront le remboursement ; or, la mort a des lois, et le caprice n'en a pas.

Nous avons montré ensuite qu'on peut considérer l'assurance payable au décès comme une véritable obligation de la valeur du capital assuré ; obligation qui, indépendamment d'un intérêt annuel de 4 *pour cent* en moyenne, résultant de la participation, est remboursable, avons-nous dit, par voie de tirage au sort, puisque c'est la mort qui fixe l'époque du remboursement.

Mais pour bien faire sentir tout ce qu'il y a d'ingénieux dans cette combinaison d'assurance, il faut ajouter qu'au lieu d'être aveugle, comme à l'ordinaire, ce tirage au sort se fait, en quelque sorte, d'une manière intelligente, puisque l'avantage qu'il offre à la famille est proportionné à l'opportunité de la réparation, c'est-à-dire, sinon à l'étendue, du moins à la précipitation du désastre matériel dont elle est frappée par suite de la mort inopinée de son chef. C'est en effet lorsque ce décès est le plus rapproché de l'époque de la souscription que l'avantage de l'assurance est le plus grand, et que le bénéfice du contrat atteint son maximum.

Ces considérations sèches et abstraites risqueraient de blesser les sentiments les plus respectables, si nous ne nous empressions d'ajouter qu'elles ne sauraient, dans notre esprit, s'appliquer, tout au plus, qu'au côté purement matériel de la question. Nous sommes obligé, à notre cœur défendant, de faire abstraction des considérations morales qui, en présence d'un événement aussi douloureux que la mort du père de famille, priment certainement toutes les autres, et ne laissent que bien peu de place aux calculs de la prévoyance. Le mot de réparation surtout doit provoquer un triste sourire ; car la perte qu'il s'agit de réparer est irréparable. En pareil cas, c'est aux institutions divines qu'il faut demander des secours et des consolations efficaces. L'assurance sur la vie est une institution humaine, et tout ce qu'on peut dire, c'est qu'elle fait ce qui est humainement possible pour conjurer la ruine et sauvegarder les intérêts de la famille.

Que de liquidations devenues désastreuses faute

d'un peu d'argent comptant, et, il faut bien le dire, faute d'un peu de prévoyance de la part du père ! Le malheur entre dans la maison avec sa mort. Il faut vendre au plus vite, souvent à perte, ou emprunter à gros intérêts pour payer les créanciers, pour couvrir les frais de toutes sortes : frais funéraires, frais judiciaires, frais de partages, droits de mutation, de succession, etc. Souvent le plus clair de l'héritage est absorbé. C'est une vraie spoliation de la famille, d'autant plus déplorable que, dans la plupart des cas, privée de son chef, du membre productif, elle voit sa puissance déchoir, et peut tomber dans l'inertie et l'indigence, faute d'un capital immédiatement exigible qu'aurait procuré l'assurance.

Il est évident que ce placement, dont la mort est le terme imprévu, cette obligation, dont le remboursement est fixé à un décès, constituent une espèce particulière de disposition testamentaire.

Or, quel est l'esprit de la législation testamentaire dans notre droit civil français ?

Je remarque trois principes bien saillants : c'est, dans l'ordre logique, d'abord l'intérêt de la famille fondé sur le sentiment général, sur le vœu de la nature et la coutume des pères de famille.

Ensuite le respect de la volonté du testateur, librement et clairement manifestée, volonté que la loi concilie avec le vœu de la nature, qui est la première des lois.

Enfin, l'égalité des enfants dans la famille.

Le premier principe régit la succession *ab intestat*, le second régit la succession testamentaire.

L'esprit de la législation chez les Hébreux était la conservation des biens dans la famille et la perpétuité des héritages.

Chez les Romains, au contraire, c'est la volonté paternelle qui domine : « *Pater familias uti legassit, ita jus esto.* » (XII TABLES.)

Poussant jusqu'aux dernières limites l'autorité paternelle, la loi des Douze Tables avait fait de la volonté du testateur la suprême loi : « *Quod testator dixerit, id lex esto.* » Aussi, dans le droit romain, la succession testamentaire est la règle, et la succession *ab intestat* l'exception.

Notre droit civil participe de ces deux législations :

« On chercherait en vain, dit **M.** Troplong, un droit plus spiritualisé, plus dégagé de l'empire des formes matérielles, de l'intervention usurpatrice de l'État, des prétentions abusives de l'intérêt collectif sur l'intérêt individuel, que dans une législation qui, pour tout dire en un mot, assure à la seule parole de l'homme la puissance de transférer à titre onéreux la propriété, et à un simple écrit olographe le droit d'en disposer au delà du tombeau. »

Le droit naturel est celui qui résulte des rapports que la nature a nécessairement établis

chez les hommes (Cicéron, *de Finibus*), et il n'y a
rien de plus conforme à ce droit naturel que le
testament : c'est l'amour de la famille s'étendant
dans l'avenir ; c'est le triomphe de la liberté
dans le droit civil ; c'est le signe le plus apparent,
la manifestation la plus saillante de la propriété
libre et de l'autorité de la volonté individuelle.
« La succession naturelle, réglée par la loi, n'est
autre chose elle-même que la *volonté présumée* du
défunt, formulée d'après l'usage le plus général. »
(Bigot de Préameneu.) Donc, la législation française respecte par-dessus tout la volonté du testateur, en tant qu'elle ne porte pas atteinte aux
droits du sang, aux intérêts légitimes de la famille.

Or, je le demande, est-il une forme de disposition testamentaire plus authentique, plus sa-
crée, plus inattaquable que l'assurance au décès ?

Quelle manifestation, en effet, plus irrécusable,
plus énergique, plus respectable de la volonté du
testateur, que ce contrat qu'il entretient le plus
souvent depuis longtemps, qu'il renouvelle, pour
ainsi dire, annuellement, et qu'il perpétue jusqu'à
sa mort par des versements qui sont comme autant de donations partielles ?

D'ailleurs, le testateur, ici, n'avantage le bénéficiaire que sur ses revenus. N'en a-t-il pas la
libre disposition de son vivant ? Il pourrait les dissiper, les donner de la main à la main, les aliéner à titre onéreux ou à titre gratuit. Au lieu de

les dépenser, il s'impose une privation constante, pour remplir un devoir, un vœu, un besoin de son cœur. Quel acte plus moral, plus honnête ? Jamais ce contrat ne sera, pour me servir de la belle expression de Cicéron, un testament *inofficieux*. Quelle autorité, quel tribunal, quelle puissance oserait donc le casser ?

On a toujours des héritiers ; malheureusement on n'a pas toujours d'héritage à leur laisser.

A qui laisserez-vous votre fortune, disait-on à un vieux médecin, très-riche et sans famille ? — « A ceux qui m'auront rendu la vie agréable. »

Cette réponse très-sage prouve que de la généralité des gens auxquels convient l'assurance au décès comme disposition testamentaire, il ne faut pas même excepter l'homme qui est sans famille.

Celui-là même, s'il n'a pas de fortune, s'adressera à l'assurance, pour donner en mourant une dernière preuve d'affection, de gratitude aux amis, aux serviteurs dévoués qui lui auront tenu lieu de famille, « à ceux enfin qui lui auront rendu la vie agréable. »

Sous quelque face qu'on étudie l'assurance sur la vie, on la trouve morale, bienfaisante et profondément empreinte de cet esprit de civilisation et de progrès qui, de nos jours, s'est souvent traduit par des efforts plus généreux que pratiques, et plus louables qu'efficaces.

Dans le contrat qui nous occupe, tout est parfaitement conforme aux grands principes de notre législation ; cependant, aucun des publicistes qui ont cherché à les accorder avec les idées nouvelles, à fonder l'association, le travail sur des bases solides et durables, n'a songé aux assurances sur la vie. Aucun de ceux qui ont proposé de constituer la famille, la propriété, le patrimoine d'une manière plus stable, n'a paru apercevoir ce moyen ; probablement parce qu'il est d'une simplicité extrême, à la portée de tout le monde, et qu'étant tout trouvé, il ne laisse pas grand mérite au promoteur.

Il ne faut rien exagérer : l'assurance sur la vie n'est pas une panacée; mais il est certain qu'on y trouve un dérivatif précieux pour remédier à certains désordres de notre constitution économique et sociale. Il y a là un élément conservateur qui s'oppose aux excès de la mobilisation, un moyen efficace de remonter en quelque sorte le courant du Code civil, et d'obvier aux inconvénients que présente le morcellement indéfini de la propriété; enfin un moyen légitime de corriger, de compléter, d'humaniser la loi. C'est là un des caractères les plus remarquables et les moins remarqués des différentes applications du contrat, notamment de celle qui a pour objet la constitution du patrimoine.

La législation anglaise, faite pour une aristocratie, consacre le droit d'aînesse, les substitutions, les majorats, en un mot, le principe de l'inégalité dans les partages. Il est certain que ces dispositions ont singulièrement favorisé le développement des assurances sur la vie en Angleterre.

« Quand un père de famille ne possède que des terres substituées qu'il doit transmettre intactes à son fils aîné, l'avenir de ses autres enfants préoccupe naturellement sa sollicitude. L'assurance sur la vie lui fournit un moyen facile et infaillible d'y pourvoir. Les revenus de ses domaines lui permettent des épargnes opulentes. Il emploiera parfois 10,000 francs, 20,000 francs par an ou davantage en primes d'assurances, réparties entre plusieurs Compagnies.

» A l'âge de trente ans, en s'imposant un sacrifice de 1,000 livres sterling ou de 25,000 francs, il créera un patrimoine d'un million *au moins*, libre de toute substitution. S'il vit longtemps, ce patrimoine s'accroîtra sans cesse par la participation aux bénéfices des Compagnies, et pourra, s'il atteint une vieillesse avancée, se monter jusqu'à deux ou trois millions. Il dotera ses filles ou ses fils cadets en destinant à chacun d'eux un de ses contrats. Il aura vraiment *assuré* leur aisance future, sans rien altérer de la fortune qu'il possède à charge de substitution. » — A. de Courcy.

La législation française est plus juste, plus égalitaire ; mais elle a aussi ses inconvénients. L'intérêt social, l'intérêt territorial est sacrifié à l'égalité dans les partages. De là ce morcellement de la propriété, qui est souvent aussi contraire aux intérêts de la famille qu'aux vœux légitimes du testateur.

Certains biens, indivisibles de leur nature, constituent parfois tout l'héritage de plusieurs enfants. — Un domaine, une usine, une entreprise, ne peuvent être ni divisés ni laissés indivis. Que faire? — Une assurance sur la vie du père peut tout concilier : l'intérêt du domaine patrimonial, ou de l'entreprise qu'il a créée et développée, avec le besoin d'égalité qui est dans nos mœurs, et l'égalité d'affection qui est dans son cœur.

Il lui suffira de contracter, au profit de ses autres enfants, une assurance d'un capital équivalent à l'avantage qu'il veut faire à celui d'entre eux qu'il juge le plus digne de lui succéder, de diriger son entreprise, en un mot, de continuer son œuvre.

Dans l'une et l'autre législation, l'assurance complète la loi; loin de l'éluder, elle en facilite l'accomplissement. Ce n'est ni un subterfuge ni un palliatif ; c'est un tempérament légitime. — La loi est rigoureuse, mais c'est la loi : *dura lex, sed lex.* — L'assurance l'adoucit, l'humanise, et, dans l'un et l'autre pays, elle agrandit l'autorité paternelle. En France, avec notre législation, elle est appelée à rendre autant de services qu'en Angleterre. Si elle a mieux réussi chez nos voisins, il ne faut pas en chercher la raison uniquement dans le caractère de la législation, encore moins dans un esprit de famille ou de prévoyance moins développé chez nous. Cette dernière hypothèse serait une calomnie gratuite. Pour s'en convaincre, on n'a qu'à jeter les yeux sur les comptes-rendus de la Caisse des retraites pour la vieillesse. Malgré son insuffisance, ses restrictions, son défaut de publicité, on verra qu'elle a ouvert jusqu'à 2,500 comptes nouveaux par quinzaine. Or, la Caisse des retraites ne rend pas la centième partie des services que peut rendre une Compagnie d'assurances sur la vie.

Quand nous disons que l'assurance sur la vie constitue une espèce de disposition testamentaire privilégiée, ce n'est pas à dire qu'elle soit exempte des restrictions, des conditions imposées par la loi à toutes les autres. S'il y a un privilége, il résulte de la nature même du contrat, et aucune législation faite ou à faire ne peut le lui enlever.

Effectivement, ce privilége résulte de ce que le contrat, en tant qu'expression irrécusable de la volonté du défunt, constitue une disposition inattaquable. Il résulte, en outre, de ce que le testateur n'avantage le bénéficiaire que sur ses revenus ; enfin de ce que, la disposition étant faite du vivant de l'assuré, la mort n'est qu'une échéance au profit du bénéficiaire, et qu'elle n'entraîne pas de mutation.

« En résumé, l'assurance sur la vie, qui est un devoir pour le père de famille sans fortune exerçant une profession libérale, est donc aussi une convenance, un acte de sage et paternelle administration pour le propriétaire, soit qu'il veuille préserver de la division son domaine d'affection, soit qu'il n'ait d'autre but que d'augmenter le patrimoine de ses enfants et de faciliter le partage de sa succession. » (A. de Courcy.)

Qu'il nous soit permis de le dire, car c'est plutôt une conclusion de ce qui précède qu'un conseil : la première chose que doive faire un homme prévoyant, quand il a le bonheur d'être père, c'est de contracter une assurance sur sa vie ; je me trompe, un homme prévoyant n'attendra pas ce moment : en entrant dans sa nouvelle famille, il donnera cette garantie aux parents de celle dont il recherche l'alliance.

CHAPITRE XI

DÉVELOPPEMENT DU CRÉDIT PAR L'ASSURANCE.

Qui dit civilisation, dit aussi développement chez chaque membre du corps social de l'esprit d'entreprise.

Toutes les entreprises humaines marchent accompagnées d'un cortége de chances défavorables qui peuvent, en se réalisant, détruire les plus savantes combinaisons, et mettre en défaut la prévoyance la mieux éclairée.

Il fallait donc, pour que le progrès ne fût pas entravé dans sa marche déjà si lente, trouver moyen de conjurer l'influence de ces funestes éventualités, et soustraire, pour ainsi dire, les œuvres de l'homme à leur fragilité originelle.

L'ensemble des moyens que l'homme peut employer pour se garantir contre les risques inhérents à ses entreprises constitue la matière de l'assurance.

Cette matière est l'objet d'une science, ou plutôt d'une branche de la science économique.

En effet, de quoi s'occupe-t-on en économie politique? — De savoir comment les richesses se produisent, comment elles se distribuent, comment elles se conservent, et enfin comment elles se consomment.

Dans la science qui a pour objet l'assurance, on s'occupe spécialement de la *conservation des richesses*.

Quelle est la fonction sociale de l'assurance ? — Procurer la sécurité.

Mais quand il s'agit d'assurances sur la vie, on a vu que s'assurer, c'est acheter de la sécurité, et, de plus, épargner.

Or, si la sécurité est l'âme du crédit, l'épargne en est l'aliment; si la sécurité est le premier besoin de toute société, puisque sans elle il ne peut y avoir ni épargne ni travail producteur, l'épargne est la source unique des capitaux. — Sans la sécurité et l'épargne, point de crédit; sans crédit, l'initiative, l'esprit d'entreprise, le travail, le progrès, le génie même, tout est paralysé dans la société.

Toute assurance, toute garantie nouvelle est une source de crédit, par conséquent, une source de production et de richesse.

Aussi, chez toutes les nations, le développement commercial, industriel, moral même — car tous les progrès sont solidaires [1] — dépend du développement des assurances.

Cette thèse du *développement du crédit par l'as-*

---

1. J. B. Say exprime cette pensée d'une manière saisissante, quand il dit : « C'est la charrue qui a fait inventer les beaux-arts. »

surance est très-étendue, elle embrasse toutes les branches d'assurances ; mais ici il ne sera question que des transactions viagères considérées comme moyen de crédit, en d'autres termes, du *Crédit viager*.

Quel est le but général des opérations de Crédit viager, c'est-à-dire des assurances sur la vie ? — Préserver, sauvegarder tous les intérêts qui se rattachent à l'existence de l'homme ; faire participer tous les membres du corps social à la production et à la distribution des richesses ; développer en eux l'esprit d'initiative, les habitudes d'ordre, d'économie, de prévoyance ; étendre et régulariser le crédit, le mettre en harmonie avec les lois naturelles qui gouvernent l'humanité, et, en particulier, le subordonner à la loi de mortalité. — Les assurances sur la vie multiplient les capitaux et les propriétaires, en faisant passer ceux qui ne possèdent pas dans la classe de ceux qui possèdent. Elles secondent puissamment les lois et la morale en attachant l'homme, par son propre intérêt, à l'ordre établi.

On voit si c'est avec raison que M. de Courcy les appelle : « une des créations les plus bienfaisantes de l'esprit d'association. »

Les assurances sur la vie, avons-nous dit, s'adressent aux deux plus puissants ressorts de notre nature, c'est-à-dire à nos intérêts et à nos affections. Après avoir étudié leur application au point de vue de la famille, nous arrivons à l'autre partie de la question. Ce n'est pas la moins importante, car si l'homme peut rester sourd à la voix du devoir, il écoute volontiers celle de l'intérêt personnel. A défaut de principes, on se rallie à des intérêts ; l'histoire en offre la preuve constante, et c'est encore par ce côté qu'on peut espérer voir les assurances sur la vie entrer le plus tôt dans nos mœurs.

En commençant cet ouvrage, nous avons dit qu'une Compagnie d'assurances sur la vie bien organisée, et qui fonctionne régulièrement, est l'institution de crédit la plus solide qu'il y ait. Depuis, un événement financier d'une haute portée est venu donner à ces paroles une consécration aussi éclatante qu'inattendue, et offrir en même temps une preuve palpable du développement que leurs opérations peuvent donner au crédit.

Je veux parler de la garantie par les Compagnies d'assurances sur la vie, du capital appelé par les Sociétés industrielles.

Bien qu'elle soit toute nouvelle, cette combinaison financière n'est déjà plus à l'état de projet. Des applications ont été faites, d'autres se préparent, et tout porte à croire qu'elle est appelée à un grand et légitime succès [1].

Pour bien apprécier les avantages de cette convention, il faut l'examiner successivement

1. Le gouvernement vient d'appliquer cette combinaison à l'emprunt mexicain.

aux différents points de vue : 1º de la Société industrielle qui emprunte, 2º du capitaliste qui prête, 3º de la Compagnie d'assurances qui garantit le capital et se charge d'en effectuer le remboursement.

L'entreprise industrielle prélève sur les premiers fonds qui lui sont fournis par les souscripteurs une somme représentant la valeur actuelle des obligations qu'elle a émises, et dont le remboursement est échelonné sur un certain nombre d'années ; cette somme est versée immédiatement dans la caisse de la Compagnie d'assurances, qui se substitue à la Société industrielle pour garantir le capital souscrit et en effectuer le remboursement au fur et à mesure des échéances.

Au fond, pour l'entreprise, c'est un remboursement anticipé, car non-seulement il est garanti, mais on peut dire qu'il est tout fait d'avance. L'intérêt seul reste à sa charge ; quant à l'amortissement de sa dette, il est assuré, elle n'a plus à s'en occuper.

Une fois l'opération faite, elle a brûlé ses vaisseaux, et s'est interdit absolument de toucher au capital qui lui a été confié, de sorte qu'en somme elle n'a emprunté que du temps.

En cela elle est plus heureuse que l'État, qui ne peut pas brûler ses vaisseaux, et assurer le remboursement de ses emprunts, n'ayant à côté de lui aucun établissement financier qui soit en même temps assez indépendant et assez solide pour fonctionner régulièrement comme caisse d'amortissement.

Le capitaliste, le bailleur de fonds, lui, que cherche-t-il ? — Beaucoup de profits et peu de risques ; mais avant tout un placement sûr, car, suivant un adage vulgaire, « le capital préfère ses garanties à ses intérêts. » Ce qui importe surtout à un père de famille, c'est que son capital ne soit pas aventuré ; c'est que, tôt ou tard, sinon lui, du moins ses enfants puissent en profiter.

Si donc les éléments de l'entreprise sont de nature à lui inspirer toute confiance, il n'hésitera pas. Que risque-t-il ? — De réaliser plus ou moins de bénéfices, voilà tout ; car son capital est consolidé, assuré, mis à l'abri de toute éventualité, et à cet égard, il a une double garantie : celle de la Compagnie d'assurances qui est plus que suffisante, comme nous le démontrerons, et, par surcroît, celle de l'entreprise, qui reste toujours responsable vis-à-vis de lui.

Ainsi, quoi qu'il arrive, le *souscripteur* d'obligations est sûr de ne pas perdre son argent.

Quant à la Compagnie d'assurances qui garantit le remboursement et se charge de l'effectuer, son rôle est bien simple : elle fait ici l'office de banque ou plutôt de caisse d'amortissement, mais sans courir aucun risque, car elle est parfaitement nantie. Elle ne prête rien ; au contraire, on lui prête. C'est un placement à intérêts composés qu'elle accepte sans condition aléatoire, et qui est comme le type de ses transactions habituelles considérées dans leur ensemble.

Elle n'a même pas à s'immiscer dans la gestion, et, à la rigueur, peu lui importe que l'entreprise ait plus ou moins de succès, car aucune éventualité ne peut modifier ses engagements. Mais si pécuniairement la Compagnie d'assurances est désintéressée dans l'affaire, moralement il n'en est pas de même, et l'on comprendra que la prudence, qui est comme sa loi, son statut et sa charte, lui impose l'obligation de ne pas prêter son nom et l'appui de son crédit à une entreprise qui ne se présenterait pas sous des auspices parfaitement recommandables, et avec des éléments sérieux de réussite.

L'honorabilité des entrepreneurs, la moralité de l'entreprise et la présomption qu'elle sera menée à bonne fin sont au contraire des cautions morales qu'elle doit rechercher avant tout, et c'est là évidemment un surcroît de garantie pour les souscripteurs.

Maintenant voici le point capital, celui qui nous intéresse le plus dans cette combinaison, et qui nous paraît mériter toute l'attention du lecteur :

Comment se fait-il que des capitalistes, des banquiers, gens d'ordinaire bien informés en matière de crédit, s'adressent à une Compagnie d'assurances, de préférence à toute autre grande institution financière ? Et pourquoi aux Compagnies d'assurances sur la vie plutôt qu'aux autres ?

Il y a là certainement en faveur de ces établissements un témoignage dont la portée n'échappera pas au public.

C'est qu'ils savent qu'une Compagnie d'assurances sur la vie à primes fixes est de toutes les institutions de crédit la plus puissante et la plus solidement constituée; c'est qu'ils savent que la nature de ses opérations, ses statuts, sa prudence la mettent à l'abri de toutes les éventualités, de toutes les crises financières et politiques; c'est qu'ils ont compris que, grâce au double mécanisme de la *division* et de *l'équilibre des risques*, elle fonctionne avec une sécurité absolue, qu'à proprement parler elle n'a que des *échéances* et non des *sinistres*; que ces échéances ne peuvent dans aucun cas s'agglomérer ni constituer un danger : en un mot, que c'est le seul établissement financier qui puisse sûrement et avec des garanties qui excluent toute espèce de doute, assurer leur capital et en opérer le remboursement.

Ces conclusions sont tellement importantes, tellement essentielles pour le sujet qui nous occupe, qu'au risque de fatiguer l'attention, nous essayerons de les corroborer par des arguments irréfutables.

« *Une Compagnie d'assurances sur la vie bien organisée, et qui fonctionne régulièrement, est l'établissement financier le plus solide qui existe.* »

Voilà le principe fondamental de cette thèse; s'il n'est pas parfaitement démontré, si le moindre

doute reste permis, il en résulte que la garantie
n'est pas complète, le remboursement n'est pas
parfaitement assuré et toute la combinaison
s'écroule.

En pareil cas, des affirmations gratuites ne
seraient tout au plus permises qu'autant qu'il s'a-
girait d'une vérité bien connue, et que chacun
pourrait aisément contrôler. Malheureusement tel
n'est pas le cas.

« Il faut, disait un illustre métaphysicien, de
l'équité dans les lecteurs, et qu'ils fassent crédit
pour quelque temps, s'ils veulent qu'on les satis-
fasse; car il n'y a que les géomètres qui puissent
toujours payer comptant. »

Ici nous nous proposons, suivant l'expression
de Malebranche, de payer comptant, en emprun-
tant toutefois aux géomètres leur précision, et, s'il
se peut, leur clarté.

Dans l'état actuel des choses, une Compagnie
d'assurances sur la vie n'est pas, à proprement
parler, un établissement de crédit. C'est une
Caisse d'épargnes perfectionnée. Elle reçoit des
versements pour constituer des capitaux payables
à terme ou au décès, ou pour servir des rentes
viagères. En somme, elle encaisse toujours. Elle
ne fait crédit à personne ; au contraire, tout le
monde lui fait crédit. La Compagnie émet des
titres d'assurance ou de rente, mais c'est le public
qui est le banquier, puisque c'est lui qui les lui
escompte.

Qui peut mettre en péril une Caisse d'épargnes?
— Les retraits affluant au moment même où il
est le plus difficile d'y faire face, en temps de
crise financière, par exemple.

Une Caisse d'assurances n'a rien à craindre de
pareil. — Elle doit à terme, et ce terme est parfaitement indépendant des circonstances qui font
varier les valeurs. — De là sa force et sa solidité.

Elle n'a même rien à redouter des fléaux qui
accroîtraient la mortalité dans une proportion
énorme, car si la mort lui enlève des assurés, elle
lui enlève en même temps des rentiers; de sorte
qu'elle perd des débiteurs en même temps que des
créanciers, et si ses risques sont bien équilibrés,
les *pertes* occasionnées par les uns sont amplement
compensées par les *profits* que fournissent les
autres. Grâce à ce mécanisme de *l'équilibre des
risques,* qui leur est particulier, les assurances sur
la vie font disparaître non-seulement l'aléa, mais
même l'indétermination qui est inséparable de
l'appréciation des chances. — Et si elles jouissent
d'une si grande faveur en Angleterre, elles le doivent surtout à ce qu'elles y sont considérées à
juste titre comme les affaires les plus sûres.

En Angleterre, la plupart des Compagnies d'assurances sur la vie sont en même temps banques
de dépôts. — Et en effet, quel établissement
financier plus sûr pourraient choisir les déposi-
taires?

A mesure qu'elle atteint les *grands nombres,*

une Compagnie d'assurances s'approche de la situation d'une entreprise de loterie qui aurait placé tous ses billets. Elle est aussi désintéressée dans les fluctuations de la mortalité que la loterie dans les changes du tirage. Les opérations — d'ailleurs complètement différentes — de ces deux espèces d'entreprises, sont toujours rémunératrices, puisque les entrepreneurs reçoivent toujours plus qu'ils n'auront à payer.

Il faut remarquer en outre que le capital de garantie n'est pas nécessaire, et ne peut être entamé qu'en cas d'insuffisance de l'actif, pour couvrir les risques et solder les sinistres; or, la liquidation de la société a lieu de plein droit dès que la moitié de ce capital est absorbée, et, dans ce cas, il se trouverait toujours une autre Compagnie d'assurances disposée à reprendre le portefeuille. Donc, dans l'hypothèse la plus défavorable, la faillite d'une Compagnie vis-à-vis de ses assurés est rigoureusement impossible.

Aussi n'a-t-on pas d'exemple qu'une seule Compagnie anonyme d'assurances sur la vie à primes fixes ait manqué à ses engagements.

Certes les garanties que nous venons d'énumérer sont plus que suffisantes; mais aucune ne saurait être superflue. En matière d'assurances, le luxe de garanties le plus exagéré ne représentera jamais que le strict nécessaire.

Nous avons développé la combinaison nouvelle qui est destinée à garantir le remboursement des emprunts, à assurer l'amortissement dans les sociétés industrielles ; son principe est simple et rigoureux, son application aisée ; nous la croyons appelée à rendre de grands services, elle facilitera certainement les emprunts et procurera le crédit à de meilleures conditions, puisque le taux de l'intérêt s'abaisse à mesure que le risque diminue.

L'occasion de la faire connaître ne pouvait être mieux choisie qu'au moment où une nouvelle loi, en décrétant l'anonymat libre, vient favoriser la formation de nouvelles sociétés, et éveiller la sollicitude des capitalistes en multipliant les associations de capitaux.

En résumé : sous quelque face qu'on l'envisage, cette combinaison ne peut donner prise à aucune critique sérieuse.

D'abord, sur trois personnes distinctes dont elle suppose le concours, deux sont complétement hors de cause : le capitaliste prêteur et la Compagnie d'assurances.

Le capitaliste n'a pas plus de raison de rejeter un surcroît de garantie qui ne lui coûte rien, que la Compagnie d'assurances ne peut en avoir de refuser une opération que ses statuts autorisent.

Tout dépend de la valeur de l'entreprise : si elle est mauvaise, aucune combinaison ne peut la rendre bonne ; mais si elle est bonne, il est évident qu'une nouvelle garantie ne peut que la rendre meilleure.

N'est-il pas clair que de deux Sociétés, qui demandent à emprunter la même somme, le capitaliste préférera — toutes choses égales d'ailleurs — à celle qui ne fait que promettre l'amortissement, celle qui le lui *assure,* et qui se met d'avance dans l'impossibilité de ne pas rembourser?

Quant aux Compagnies d'assurances, elles sont si bien hors de cause dans cette affaire, qu'elles ne pourraient même pas, sans valable motif, refuser leur concours. Ici, en effet, à quoi se borne leur rôle?

— A « recevoir et gérer des capitaux à intérêts composés, remboursables en une seule fois ou successivement par des annuités déterminées. »

Or, c'est tout au long dans les statuts de toutes les Compagnies.

Reste la Société industrielle, c'est-à-dire l'emprunteur, dont on pourrait contester l'avantage dans cette combinaison, en soutenant qu'il aurait intérêt à faire son amortissement lui-même.

D'abord on peut répondre qu'en se mettant d'avance dans l'impossibilité de ne pas rembourser, il retrouve en *crédit* ce qu'il perdra en *intérêts.*

Ensuite, il faut se rappeler quelles sont les conditions d'un amortissement sérieux.

Premièrement, il ne peut pas se faire entre les mains du prêteur, — sans quoi on lui ferait manger son capital avec son revenu.

Secondement, il faut que l'emprunteur ne puisse pas toucher à son fonds de remboursement. Autrement, rien ne garantit qu'il ne l'empruntera pas, et que l'amortissement ne deviendra pas une pure fiction.

Enfin, il faut que la caisse d'amortissement soit infaillible, et ne puisse jamais manquer à ses engagements, quelque éloigné qu'en soit le terme.

Toutes ces conditions sont remplies dans la combinaison que nous venons d'exposer. Elle forme même l'unique solution de la question, car *les Compagnies d'assurances sur la vie,* — nous ne saurions trop le répéter, et quelque insistance que nous y mettions, ce qui est à craindre, ce n'est pas qu'on le remarque trop, c'est qu'on ne le remarque pas assez, — *les Compagnies d'assurances sur la vie à primes fixes sont les seules caisses d'amortissement ouvertes au public; elles seules peuvent mettre à la portée des particuliers cette puissance de l'intérêt composé, qui fait de l'*ARGENT *avec du* TEMPS, *et qui semblait ne devoir fonctionner qu'au profit des grands établissements financiers.*

Quant à leur solidité, elle est telle que, si l'on suppose un cataclysme général ruinant l'État, anéantissant les fortunes privées, et renversant les institutions financières, ces établissements auraient assez de puissance pour être les derniers qui s'écroulent.

CHAPITRE XII

DU CRÉDIT VIAGER.

Le Jubilé, chez les Juifs, était, comme on sait, une solennité publique qui avait lieu tous les cinquante ans, et dans laquelle toutes sortes de dettes étaient remises. Chacun rentrait alors dans son héritage, et les esclaves étaient rendus à la liberté.

On a beaucoup admiré cette loi de Moïse, qui prescrivait les dettes par cinquante ans, et dont le but était de prévenir l'excessive inégalité des fortunes, d'alléger la servitude et d'empêcher que le sol ne devînt la propriété de quelques familles.

Ne serait-ce pas une loi bien plus admirable et bien plus naturelle, que celle qui prescrirait les dettes par la mort des débiteurs ?

Cette loi serait toute faite si la coutume s'établissait d'appliquer les assurances sur la vie aux transactions humaines, et, en particulier, à la garantie et à l'extinction des créances.

Qu'on veuille bien le remarquer : ce n'est pas une loi que nous appelons ici de nos vœux, c'est simplement une coutume, et pour sentir toute la différence, il suffit de se rappeler cette belle et profonde pensée de Dion Cassius : « La coutume est semblable à un roi, et la loi à un tyran. »

Le *Crédit viager*, c'est le crédit limité à l'existence de l'emprunteur ; c'est la substitution des annuités viagères aux annuités fixes dans les transactions à long terme ; en un mot, c'est l'application des assurances sur la vie à la garantie et à l'extinction des créances.

Autrefois, le crédit était moins réel que personnel : la bonne foi, la probité, le talent, l'expérience de l'entrepreneur formaient encore la plus sûre garantie du bailleur de fonds. Aujourd'hui, on ne se contente plus de garanties personnelles, bien qu'elles soient souvent les plus réelles, car les affaires ne valent en général que ce que valent les hommes qui les dirigent. — On ne dit plus : tant vaut l'homme ; on dit : tant vaut la chose. On prête à l'entreprise, non au gérant. La mobilisation des valeurs, dont l'effet espéré était de faciliter la propriété à ceux qui ne possèdent pas, a produit l'effet contraire : elle a facilité la propriété à ceux qui possédaient déjà ; elle leur a surtout facilité les moyens de la changer, de l'aliéner, de la dissiper.

Quand un père de famille a la plus grande partie de ses biens en valeurs immobilières, maisons, bois, prairies, etc., il cède plus difficilement aux mille séductions du luxe, du jeu, de la spéculation.

Aujourd'hui, presque toute sa fortune est dans son portefeuille ; elle est disponible, mobile, comme on dit ; c'est le cas de répéter ce mot d'un avare : « Quand une pistole est changée, elle s'évapore. » On oublie, en effet, qu'avec cette disponibilité, qui peut être pour lui une garantie contre les entreprises des autres, il a perdu toute garantie contre ses propres entreprises. L'ennemi était au dehors ; maintenant il est au dedans. Si cette mobilisation tant prônée a popularisé les fonds publics, la rente et les valeurs, elle a dépopularisé le travail et la petite industrie.

On a vu que les assurances sur la vie offrent un moyen de résister à ces tendances exagérées et de remonter le courant où nous entraîne la mobilisation, un moyen de constituer le patrimoine contre tant de moyens de le dissiper, et un élément de conservation au milieu de tant d'éléments de ruine et de dilapidation.

En Angleterre, le pays du monde où l'on entend le mieux le gouvernement des intérêts, la devise du crédit, le mot de ralliement des capitaux, c'est : Point de garanties personnelles ! Des garanties réelles ! Cependant, ce serait une étrange erreur de croire qu'on n'y trouve pas de crédit contre des garanties purement personnelles. Dans ce pays, bien plus souvent que dans le nôtre, les négociants préfèrent à un acquéreur qui payerait leurs fonds à beaux deniers comptants celui qui leur a donné toutes les garanties de moralité, de probité et de bonne gestion. Seulement, l'éventualité de décès, qui n'est jamais mise en ligne de compte dans nos transactions, est toujours prévue et éliminée en Angleterre. Elle fait l'objet d'une assurance sur la vie du débiteur. Cette assurance *dépersonnalise* autant que possible le crédit, elle le consolide, et, en même temps, elle reconstitue le capital par voie d'amortissement viager.

Si un entrepreneur ne présente au bailleur de fonds que des garanties personnelles, quelque sérieuses qu'elles puissent être, elles sont insuffisantes, car la mort peut les anéantir. Dans ce cas, comme on vient de le voir, une assurance sur la vie de l'emprunteur peut lever toute difficulté. — Voilà une garantie nouvelle, par conséquent une nouvelle source de crédit. — Mais ce n'est pas seulement dans la garantie des créances, en cas de décès du débiteur, que consiste le rôle des assurances sur la vie, considérées comme moyen de crédit; c'est dans l'extinction de ces créances, par l'amortissement viager, et en général dans l'application du crédit viager aux transactions humaines.

Dans ce système, qui a le mérite d'être rationnel, c'est-à-dire fondé sur la nature des choses, la mort est prise comme une échéance nécessaire, elle devient la prescription naturelle des dettes. N'est-il pas juste et naturel que toute obligation personnelle cesse au décès de celui qui l'a contractée? C'est le cas ou jamais d'appliquer l'aphorisme : « *Mors omnia solvit.* »

La mort n'est pas un accident, c'est un phéno-
mène naturel ; en général, tout être naît, se développe, se reproduit et meurt. Il est aussi naturel
de mourir que de naître, et l'homme naissant,
comme le fait remarquer Bacon, souffre peut-être
plus que l'homme mourant. « La douleur et la mort
sont choses fâcheuses, dit Ch. Comte, mais la nature
en a fait les conditions de la vie. — Il n'y a pas
d'autres moyens de les éviter que de ne pas naître. »

La mort n'est que la dernière fonction, et le dernier acte ou le dénoûment de la vie. Elle ne con-
trarie pas les lois de l'univers, elle n'apporte
aucune perturbation dans la nature. Pourquoi
contrarierait-elle nos lois ou nos coutumes, pourquoi apporterait-elle une perturbation quelconque
dans la société ?

S'il y a désordre, s'il y a perturbation, c'est que
l'éventualité du décès n'est jamais prévue dans
nos transactions, et qu'en général rien ne garantit
les obligations personnelles en cas de mort des
contractants. C'est une lacune dans l'organisation
du crédit. Cette lacune, l'assurance seule peut la
combler.

Tout crédit motive une assurance. Que les garanties soient réelles ou personnelles, il faut, pour
simplifier les transactions et élargir le crédit, que
le créancier n'ait jamais à s'occuper de la liquidation de son débiteur, et qu'à moins d'être refusé
par l'assurance, personne n'ait le droit de mourir
insolvable.

Dans ce cas, l'assurance, comme nous le ferons voir, ne doit pas être seulement la garantie du risque de perte en cas de décès, elle doit être l'application de l'amortissement viager à la reconstitution du capital emprunté. — Pourquoi faut-il que l'amortissement soit viager ? — Parce que l'épargne seule peut être impuissante. La meilleure volonté du monde ne suffit pas ; il faut le temps pour féconder l'épargne, car la mort, que rien ne peut faire prévoir, peut interrompre brusquement le remboursement. — Comment peut-on vaincre la mort ? — En lui obéissant, c'est-à-dire en la prenant elle-même pour terme naturel de nos transactions.

L'époque du décès est une époque tout comme une autre ; rien n'empêche d'en faire la condition d'une disposition, et c'est ainsi que le testament ressort tout naturellement de l'exercice du droit de propriété. Rien n'empêche de prendre cette époque pour échéance dans un contrat, pour limite de la durée d'un payement ou d'un remboursement. Il y a mieux : c'est que toutes sortes de raisons de prévoyance, de sage et paternelle administration doivent la faire choisir de préférence à toute autre. C'est la nature, en effet, qui veut que les charges qui pèsent sur les ascendants ne retombent pas sur les descendants, mais qu'au contraire, comme nous l'avons dit, l'avenir d'une génération soit préparé, sauvegardé, *assuré* par la génération qui précède.

CHAPITRE XIII

GARANTIE DES CRÉANCES.

De tous les moyens propres à élargir le crédit, c'est-à-dire à faciliter la formation, l'accumulation et la circulation des capitaux, l'assurance est sans contredit un des plus efficaces.

Qu'est-ce que les assurances sur la vie? — En deux mots : c'est la sécurité et l'épargne. Or, nous l'avons dit, la sécurité est l'âme du crédit, et l'épargne en est l'aliment.

Un homme a créé pour 1,200 francs de produits dans son année : 1,000 francs lui ont suffi pour vivre ; il lui reste donc, au bout de l'an, 200 francs d'économies. — Voilà l'*épargne* qui apparaît. Si cette épargne devient, en s'accumulant, assez importante pour féconder un travail ultérieur, elle forme un *capital*. Le capital, c'est donc, comme on l'a dit, du travail accumulé, c'est la masse des produits créés au delà des besoins, en tant que cette masse est destinée à créer de nouveaux produits et à alimenter l'industrie, c'est-à-dire à être employée reproductivement.

Ici viennent se placer deux remarques très-importantes : la première, c'est que l'épargne est la source unique des capitaux; la seconde, c'est que, en général, le meilleur placement qu'un entrepreneur puisse faire consiste à employer ses capitaux dans sa propre industrie. Ainsi, par exemple, s'il est assureur, il doit' acheter des chances, puisqu'il en vend ; c'est même le seul moyen qu'il ait de s'assurer lui-même, c'est-à-dire, d'éliminer le hasard et les erreurs, et de liquider continuellement sa situation.

Si le capitaliste n'exerce aucune industrie, ou que son industrie ne puisse pas être développée davantage, alors il prête ses fonds à un entrepreneur qui les fait valoir.

Celui qui emprunte pour alimenter son entreprise doit au bailleur de fonds, outre le capital, un certain *intérêt.*

. L'intérêt, comme l'indique l'étymologie (*interesse*), n'est autre chose qu'une *participation à forfait.* Il se décompose en deux éléments : 1º le loyer du capital ; 2º la prime d'assurance qui représente la compensation du risque de perte couru par le prêteur.

Le loyer, dans les mêmes circonstances, ne varie pas d'une entreprise à une autre. Ce qui varie, c'est la prime d'assurance. En général, elle est proportionnelle aux risques. Je dis : en général, car il y a des exceptions, et l'habileté en affaires consiste à saisir ces exceptions et à discerner les placements où l'élévation du taux de l'intérêt n'est pas justifiée, en d'autres termes, qui offrent beaucoup de profits et peu de risques. C'est ainsi que l'assurance sur la vie constitue, comme on l'a vu, un excellent placement, parce qu'elle offre un intérêt considérable avec des risques nuls.

Si petite qu'on veuille la supposer, cette chance de non-remboursement motive un prélèvement sur le revenu, sans quoi il est certain qu'au bout d'un temps plus ou moins long, tout le capital épargné disparaîtrait. Ici, la compensation exacte du risque est très-difficile à évaluer ; mais bien que le surcroît d'intérêt qui la représente lui soit en général bien supérieur, il ne formerait une *prime d'assurance* qu'autant que le capitaliste diviserait suffisamment ses risques, en prenant part à un grand nombre d'entreprises du même genre ; de telle sorte que le bénéfice réalisé sur les unes pût le dédommager de la perte éprouvée sur les autres.

La garantie serait complète encore dans le cas où cette prime serait versée entre les mains d'un assureur, c'est-à-dire d'un entrepreneur qui se ferait le fermier des risques de cette nature. Ce serait l'*assurance de solvabilité*. Elle ne nous paraît guère possible qu'en mutualité. Quoi qu'il en soit, nous nous contenterons d'avoir posé la question, sans la discuter, mais non sans faire remarquer que la solution, pour être complète, entraîne nécessairement, comme corollaire, l'assurance en cas de mort du débiteur.

La réalisation de l'assurance de solvabilité sur des bases un peu larges permet d'entrevoir d'immenses avantages pour le commerce et l'industrie. C'est toute une révolution dans l'organisation du crédit, et l'on comprendra d'autant mieux notre réserve que l'application exige beaucoup de ménagements. Si, en effet, l'assurance enlève sans précaution leurs risques aux bailleurs de fonds, elle leur enlève en même temps toute prudence, elle les rend plus aventureux; car ils ne s'inquiéteront plus que des avantages, et non des garanties que présente une entreprise ou un placement, et le fermier des risques d'insolvabilité n'aura que des sinistres à enregistrer.

La principale difficulté, en pareil cas, réside dans l'observation de cette règle essentielle, à savoir qu'il ne faut pas que l'assurance puisse multiplier les désastres qu'elle est appelée à réparer. Cette règle est générale, elle s'applique à toute espèce d'assurances, et même en matière de bienfaisance, où il faut bien prendre garde de multiplier les maux qu'on veut soulager. Faute d'observer ce principe, l'assurance dégénérerait en spéculation, de même que la bienfaisance deviendrait une duperie et la mendicité un métier.

Sous ce rapport, les assurances sur la vie présentent encore, sur toutes les autres, une supériorité incontestable et qui mérite d'être signalée.

Bien que ce soit un cas de galères, il n'est malheureusement pas rare qu'on spécule sur l'incendie ou sur le naufrage, au détriment des Compagnies d'assurances, tandis qu'il est très-rare qu'on spécule sur la vie de ses semblables pour s'enrichir, et presque sans exemple qu'on spécule sur sa vie pour enrichir ses semblables.

Indépendamment du risque d'insolvabilité, presque toutes les transactions humaines comportent une autre espèce de risque dont l'assurance est très-praticable, très-simple, et, pour tout dire, très-offerte et très-peu demandée : je veux parler du risque de perte, par suite du décès de l'emprunteur. Sans doute le capital ne disparaît pas avec lui ; mais puisque, en fait d'entreprises, le plus souvent on a raison de dire : tant vaut l'homme, tant vaut la chose, il est certain que le décès amènera toujours une perturbation dans les affaires du défunt, et une dépréciation de son œuvre. Dans ce cas, la perte est indépendante des deux parties ; elle frappe toujours le crédit sans profit pour personne. L'assurance intervient alors on ne peut plus à propos, et rien ne peut la suppléer, tant son rôle est nécessaire.

Cette garantie des créances, en cas de décès des débiteurs, peut se faire de plusieurs manières. Avant d'exposer celle qui nous paraît la plus avantageuse, la plus propre à sauvegarder les intérêts du créancier et ceux du débiteur,

8.

voyons en quoi consiste ce qu'on appelle l'*assurance temporaire*.

L'assurance temporaire, c'est la garantie d'une somme en cas de décès du débiteur, si ce décès survient dans un laps de temps déterminé. Ici, au lieu d'embrasser la vie entière, l'assurance, en cas de mort, n'embrasse plus qu'un certain nombre d'années, passé lequel le bénéficiaire n'a rien à prétendre, et les sommes versées demeurent. avec leurs accroissements. acquises à la Compagnie, en échange du risque qu'elle a couru. Les primes, dans ce cas-là, ne sont jamais bien chères, et le prix est toujours d'autant plus modique que l'assuré est plus jeune.

L'assurance temporaire, comme l'assurance pour la vie entière, peut être faite sur la vie d'un tiers, par exemple, par un créancier sur la vie de son débiteur, pourvu qu'il y ait consentement du tiers assuré. Le bénéficiaire doit, en outre, justifier qu'il a intérêt à la conservation de l'assuré, et un intérêt au moins égal à la somme garantie.

Comme on le voit, l'assurance temporaire est une assurance pure et simple, c'est-à-dire uniquement la garantie d'un risque, d'une chance défavorable qui peut se réaliser ou ne pas se réaliser, absolument comme dans l'assurance maritime et dans les assurances contre l'incendie.

L'assurance temporaire contient la garantie

mais non l'extinction de la créance ; elle peut suffire au créancier, elle ne suffit pas au débiteur. Pour qu'elle tourne au profit de ce dernier, il faut qu'elle lui facilite son remboursement ; alors elle est en même temps une garantie gratuite pour le bailleur de fonds et une ressource précieuse pour l'entrepreneur. Comment peut-on obtenir ce double bienfait ? — Par l'application de l'*amortissement viager*.

Suivant les cas, le débiteur contractera sur sa propre existence une assurance pour la vie entière, ou une assurance payable à *terme fixe*, ou bien encore une assurance *mixte*, c'est-à-dire payable, soit à son décès, s'il survient avant l'époque du remboursement, soit à cette époque, si l'assuré est vivant.

Remarquons d'abord que le risque étant le fait du débiteur, c'est à lui qu'incombe la charge d'acquitter la prime. L'application de l'amortissement viager à l'assurance de sa dette est donc la combinaison la plus avantageuse qu'on puisse lui proposer.

En l'adoptant, il stipule non-seulement au profit de son créancier, mais encore à son profit ou au profit de sa famille. En effet, s'il contracte pour la vie entière ou à terme fixe, il pourra plus tard, lorsqu'il aura désintéressé son créancier, disposer de son contrat, soit en le résiliant à son profit, soit en le continuant au profit de ses héritiers, tandis que l'assurance temporaire n'offre aucune de ces ressources. — Ajoutons enfin, à l'avantage de ces combinaisons de l'assurance avec l'*amortissement viager*, qu'elles jouissent de la participation aux bénéfices dont l'assurance temporaire est exclue.

CHAPITRE XIV

DE L'AMORTISSEMENT VIAGER.

> Time is money.

Que manque-t-il aux assurances sur la vie? — Une seule chose : c'est que leurs principes soient mieux connus, que leurs applications et leurs avantages soient plus répandus.

Elles offrent des combinaisons tellement variées qu'il serait vraiment illusoire de prétendre les énumérer toutes. Ce qu'on peut dire, c'est qu'il n'est pas une classe de personnes, une situation dans la vie, un intérêt spécial qui n'ait son assurance.

Au lieu de passer en revue toutes ces combinaisons pour en faire ressortir successivement les avantages, nous essayerons d'en exposer le principe général dans toute sa féconde simplicité. Car si les applications peuvent varier à l'infini, le principe reste toujours le même.

Ce principe, c'est l'*amortissement viager*, ou, ce qui revient au même, la *capitalisation des placements annuels et viagers*.

D'ailleurs, cette exégèse du principe des assurances sur la vie fera mieux saisir les caractères propres, la nature vraie et toute la portée de ces opérations, dont le mécanisme ingénieux mériterait d'être spécialement étudié, lors même que l'on n'y trouverait qu'un attrait de pure curiosité.

Les questions d'intérêts, d'annuités, d'amortissements, et toutes celles qui sont relatives à la prestation des capitaux, nous aimerions à le faire voir, sont beaucoup plus simples que ne le laisserait supposer la répugnance qu'elles inspirent. Mais ici, nous devons nous borner à quelques aperçus.

Quatre éléments se retrouvent constamment dans toutes les questions d'intérêt : le taux, le temps, la valeur actuelle ou au comptant, la valeur à terme ou montant du capital productif d'intérêts. Quant à l'escompte, ce n'est autre chose que la différence entre la valeur nominale ou montant et la valeur actuelle.

Le taux, c'est la commune mesure, l'étalon, ou mieux, l'unité d'intérêt. Dans le calcul, c'est l'intérêt de l'unité monétaire pendant l'unité de temps. Dans les transactions de la vie civile, on a coutume de prendre pour taux l'intérêt de 100 francs pendant un an.

Les questions d'intérêt simple se résolvent par des opérations d'arithmétique ou par un calcul mental, et ne présentent aucune difficulté.

L'intérêt devient frugifère, se capitalise, comme on dit, quand, au lieu de le recueillir, le prêteur le laisse joint au capital entre les mains de l'emprunteur ; on dit alors que le placement est fait à intérêts composés.

Une théorie complète des intérêts composés ne saurait trouver place ici. Mais si j'étais condamné à donner cette théorie en trois mots, je dirais simplement : « *Time is money.* »

Cet aphorisme, cher aux Anglais, peut être taxé d'hyperbole quand il s'agit d'apprécier la valeur du temps dans la vie ordinaire ; mais, comme on va le voir, il acquiert une précision mathématique en matière d'intérêts.

Une somme placée à intérêts composés, au denier vingt, c'est-à-dire à *cinq pour cent* depuis quatorze ans et soixante-quinze jours, ou *deux fois cette somme*, c'est identiquement la même chose. Réciproquement, cent francs qui ne sont payables que dans quatorze ans et soixante-quinze jours, ou cinquante francs comptant : c'est tout un. Donc, donner quatorze ans et soixante-quinze jours pour payer une dette, ou remettre la moitié de cette dette, cela revient exactement au même. Donc, le temps est de l'argent : « *Time is money.* »

Une somme placée à intérêts composés, toujours à *cinq pour cent*, se quintuple en trente-trois ans. De sorte que cent francs, qui ne sont payables qu'au bout de trente-trois ans, ne valent aujourd'hui que vingt francs. Donc, donner trente-trois ans de délai pour payer une somme qui vous est due actuellement, c'est en donner les quatre cinquièmes, puisque le cinquième restant est quintuplé en trente-trois ans, et par conséquent reproduit, à lui seul, tout le capital, uniquement par la puissance de l'intérêt composé.

Cette puissance est énorme; elle s'accélère avec le temps, et suit une progression géométrique d'autant plus rapide que le taux est plus élevé. Ainsi, en cent ans, un capital placé à *cinq pour cent*, intérêts composés, devient environ cent trente-et-une fois plus grand, et deux millions de fois plus considérable en moins de trois siècles.

Un centime placé de la sorte au commencement de l'ère chrétienne aurait produit la valeur de plusieurs milliers de globes d'or de la grosseur de notre planète : « *Time is money.* »

Enfin, faire cadeau d'une somme que l'on vous doit, ou donner l'éternité pour la payer, n'est-ce pas évidemment la même chose?—Donc, le temps est de l'argent.

En prenant d'autres taux d'intérêt, on aurait d'autres périodes de reproduction des capitaux; mais le raisonnement ne change pas, et tant que l'intérêt ne sera pas absolument nul, le temps sera de l'argent. L'intérêt s'abaissera, c'est-à-dire que l'on donnera moins d'argent pour le même temps, à mesure que la sécurité sera plus grande, que l'assurance fera plus de progrès et que les loisirs deviendront plus communs; mais tant que l'homme sera mortel, il sera vrai de dire : le temps est de l'argent : « *Time is money.* »

Remarquons, en passant, combien cette formule si simple éclaire la question du crédit : avoir du crédit, c'est trouver à échanger du temps contre de l'argent. On a d'autant plus de crédit que l'on paye moins d'intérêt, c'est-à-dire, qu'on achète le temps moins cher. Ceci est vrai pour les États comme pour les particuliers, et sera toujours vrai, aussi longtemps du moins que nous ne serons pas parvenus à réaliser cette merveilleuse utopie qu'on appelle *la gratuité du crédit.*

De la définition même de l'intérêt, il résulte que si l'on ne paye annuellement que le loyer du capital emprunté, on ne s'acquitte jamais. Au bout de vingt ans, on aura payé en intérêts à *cinq pour cent* une somme égale au capital emprunté, et on le devra toujours en entier, même quand on continuerait à payer l'intérêt jusqu'à la consommation des siècles. Mais si, à l'intérêt annuel, on ajoute une somme quelconque, si petite qu'elle soit, on finira, au bout d'un temps plus ou moins long, par reconstituer le capital. Cette quantité, cette somme qu'on ajoute à l'intérêt, et qui, en se capitalisant, forme le remboursement, c'est la prime d'*amortissement.*

L'intérêt annuel, augmenté de la prime d'amortissement, forme l'*annuité.* Amortir une dette, c'est donc l'éteindre peu à peu par des payements

successifs, c'est la payer par annuités. Généralement, l'intérêt se capitalise par année : de là, le
nom d'annuité, qui doit s'entendre d'un ensemble
de versements annuels dont le montant ne varie
pas, et qui comprennent, outre l'intérêt convenu,
une fraction du capital emprunté.

Le taux étant stipulé, il y a deux manières de
procéder à l'amortissement d'un capital donné :
soit en fixant le temps au bout duquel il doit être
intégralement remboursé, ce qui détermine la
quotité de l'annuité; soit en fixant cette quotité,
ce qui détermine le temps.

L'amortissement étant précisément l'inverse de
la capitalisation, rien n'est plus simple que de cal-
culer une annuité en partant de l'intérêt composé.

Supposons qu'il s'agisse d'amortir un capital
en trente-trois ans :

Puisqu'une somme placée à *cinq pour cent*, intérêts composés, devient quintuple dans ce laps
de temps, c'est que les intérêts seuls, en se cumu-
lant, ont reproduit quatre fois le capital; donc, il
suffit d'augmenter l'intérêt annuel d'un quart
pour avoir l'amortissement. Ainsi, une somme de
cent francs est amortie en 33 ans par une annuité
de 6 fr. 25 c., savoir : 5 fr. d'intérêt, et le quart
en sus, ou 1 fr. 25 c. pour l'amortissement.

Si l'on n'avait voulu rembourser qu'en cent
ans, à l'intérêt annuel de 5 fr., il aurait suffi d'a-
jouter la cent trentième partie de 5 fr., soit environ 4 centimes.

Veut-on savoir le montant après quatorze ans et soixante-quinze jours d'une annuité de 1 fr., le taux étant toujours *cinq pour cent?*

On remarquera que cette annuité représente l'intérêt de 20 fr.; or, puisqu'une somme double en quatorze ans et soixante-quinze jours, 20 fr., dans cet intervalle, deviennent 40 fr., et, en retranchant le principal, il reste 20 fr. pour l'accroissement dû à l'intérêt seul, c'est-à-dire pour le montant d'une annuité de 1 fr.

Nous ne multiplierons pas ces explications qui risquent fort de manquer d'attrait pour la plupart des lecteurs.

Qu'il s'agisse d'évaluer le montant, au bout d'un temps donné, d'un capital ou d'une annuité, placés à intérêts composés, ou la valeur actuelle de ce capital ou de cette annuité quand ils ne doivent être payés qu'après un délai donné : en somme, c'est toujours de l'argent qu'on échange contre du temps, ou du temps qu'on échange contre de l'argent.

Qu'est-ce que le temps ?

C'est là une de ces notions qu'on risque de rendre moins claires en cherchant à les expliquer.

Aucune n'est plus obscure ni plus controversée dans ces théories transcendantes qui faisaient dire à Fontenelle : « En métaphysique, j'ai été précoce : étant tout jeune, je commençais déjà à n'y rien comprendre. »

Mais, si l'on veut à toute force une définition

un ouvrier, qui était devenu un grand homme d'État et un grand philosophe, nous la fournira : « Le temps, dit Franklin, c'est l'étoffe dont la vie est faite. »

Or cette vie est limitée, et, de plus, elle est chanceuse; non-seulement l'homme est mortel, mais il meurt à tout âge. Donc, il y a nécessité de soustraire aux chances de la vie humaine celles des institutions de l'homme qui ne fonctionnent qu'avec le temps, — l'amortissement, par exemple; — donc l'*amortissement doit être viager*.

Comment l'amortissement peut-il devenir viager ?

— En substituant les annuités viagères aux annuités fixes dans les transactions.

Tel est le rôle des assurances sur la vie.

Elles humanisent en quelque sorte le crédit; nous voulons dire qu'elles l'approprient, qu'elles le subordonnent aux conditions de la vie humaine.

Il faut stipuler pour soi et ses enfants, quand il s'agit d'avantages à recueillir; à moins qu'il ne soit question d'œuvres de génie, auquel cas, Montesquieu joignant un noble exemple à un noble précepte, disait qu' « il faut stipuler pour le genre humain tout entier. »

Mais, quand il s'agit d'obligations à remplir, de dettes à éteindre, de charges à amortir, il faut stipuler pour soi tout seul.

CHAPITRE XV

CONCLUSION.

> — A qui les assurances sur la vie
> sont-elles applicables? — A tous.
> — A qui sont-elles appliquées? —
> A personne.

Les assurances sur la vie, dont les bienfaits ne font pas question pour quiconque a étudié cette branche de l'économie politique, sont passées dans les mœurs en Angleterre, en Allemagne, aux États-Unis, c'est-à-dire dans les trois quarts du monde civilisé.

En France, elles sont complétement négligées. Le mot seul d'*assurance* y soulève une idée de défiance, comme s'il s'agissait, par exemple, de jeu ou de loterie... D'où vient ce préjugé? — De l'ignorance, et surtout de ce que l'on confond généralement l'assurance sur la vie avec la *tontine*, qui est à peu près le contraire. Aussi, tandis qu'en Angleterre, sur cent têtes auxquelles peut convenir l'assurance, il y en a quatre-vingt-dix assurées, chez nous la *matière assurée* n'est pas la dix-millième partie de la *matière assurable*, ce qui ne nous empêche pas de nous croire à la tête.de la civilisation.

Nous insistons sur cette grande vérité, tant pis si elle a l'air d'un paradoxe :

Il existe, même pour celui qui n'a d'autres ressources que son travail, un moyen sûr, infaillible, de créer un patrimoine, d'éteindre des dettes, de constituer, sans propriétés, des nu-propriétés, des legs, des dotations, des usufruits, des rentes viagères, etc., etc.

Ce moyen, c'est l'*amortissement viager*, en d'autres termes les *assurances sur la vie*, car elles ne sont autre chose, au fond, que l'application du *payement par annuités viagères* aux opérations faites dans un but de prévoyance, ou, plus généralement, aux transactions à long terme.

Rappelons en quoi consiste l'amortissement viager et comment il fonctionne.

En vue de rembourser vos créanciers, de doter vos enfants, de leur laisser un héritage, ou, dans tout autre but de prévoyance, vous voulez, je suppose, constituer à époque fixe, ou à votre décès, un capital de cent mille francs : vous n'avez qu'à prélever annuellement sur votre budget une certaine somme que vous versez dans la caisse de l'assurance. La mort vient-elle vous surprendre ?

— Vous ne devez plus rien; il y a prescription naturelle, et, n'eussiez-vous survécu qu'un jour

au premier versement, votre capital est constitué ;
l'assurance paye cent mille francs à vos ayants
droit, voire même au bénéficiaire désigné, suivant
votre ordre. Nous disons qu'il y a là un fait économique des plus remarquables, et qu'une institution qui donne de tels résultats est tout simplement une des plus belles conquêtes de la civilisation.

La Caisse d'épargnes aurait pu recevoir vos
versements, les accumuler, les conserver, les faire
fructifier... mais elle ne garantit rien, n'*assure*
rien... votre but n'était pas atteint. L'épargne est
déjà une puissance énorme : elle crée des valeurs,
puisque avec le temps elle les forme insensible-
ment, sans qu'il en coûte, pour ainsi dire ; mais
elle ne produit qu'avec le temps, *co'l tempo !* Sans
lui elle est stérile.

Quelle est donc cette puissance nouvelle qui
s'ajoute à l'épargne et l'affranchit du temps, qui
dompte la mort à notre profit et réalise, malgré
elle, nos plus chères espérances ? — C'est l'*Assurance.*

L'assurance et l'épargne : voilà en deux mots
toutes les assurances sur la vie, dont on ne connaît
guère en France que le nom ; car leurs principes,
leurs fonctions sociales, leur portée économique...
y sont complétement méconnus, nous avons presque dit inconnus. Quant à leurs lois mathématiques, pour tout le monde c'est de *l'algèbre.*

En Angleterre, où il existe plus de deux cents

10..

Compagnies d'assurances, dont quelques-unes sont plus puissantes que la Banque de France, le crédit tout entier repose sur l'assurance. Il ne s'y fait pas un emprunt, une commandite, une transaction quelconque, sans contrat d'assurance. Il n'est même pas rare qu'un négociant ait plusieurs *polices* sur sa tête.

Ces précautions sont tout à fait inusitées dans notre pays. Les trois quarts du temps, rien ne garantit les créances en cas de décès des débiteurs. C'est évidemment une lacune importante dans l'organisation du crédit. D'où vient que nous sommes ainsi arriérés? — Est-ce la faute du public? — Est-ce la faute des Compagnies? — Car il existe des Compagnies en France.

Avant de discuter cette grave question, remarquons bien que la solution, quelle qu'elle soit, ne peut infirmer le principe de l'assurance. Comme toutes les vérités, il est impérissable.

Mais hâtons-nous de le dire, les Compagnies anonymes, les Compagnies à *primes fixes*, comme on les appelle, présentent des garanties surabondantes, et offrent au public des gages de sécurité plus que suffisants. Nous avons établi même qu'une Compagnie bien organisée, et qui fonctionne régulièrement, est d'une solidité inébranlable, et que ses opérations sont d'une moralité qui défie toute critique.

Malheureusement : « Le corps politique, ainsi que le corps humain, a ses charlatans qui se mê-

lent aussi de le traiter. » Le mot n'est pas de moi :
il est de Bacon.

Dès le début des assurances, des gens sont ve-
nus qui étaient parfaitement étrangers aux lois
des probabilités, obligés de ramper parce qu'ils
ne savaient pas marcher, dépensant dix fois plus
d'habileté pour aller de travers qu'il n'en faut
pour aller droit : ils ont tout gâté. Sous couleur
de bien public, ils n'ont cherché que leur propre
intérêt et, sous le nom d'assurances, ils ont ré-
pandu des chimères et semé partout des décep-
tions.

Grâce à ces déplorables essais, les assurances
sur la vie, qui n'ont avec eux rien de commun
que le nom, ont été longtemps discréditées en
France. C'est ainsi que les pires abus s'attachent
aux meilleures choses : *corruptio optimi pessima.*

Aujourd'hui, un grand mouvement se produit :
une révolution s'opère dans les assurances sur la
vie. Les questions de démographie et de statistique qui leur servent de base sont élucidées. De
nouvelles Compagnies se fondent ; les affaires se
multiplient, les vrais principes triomphent, et les
combinaisons fécondes se dégagent des mau-
vaises, comme dans le travail de la fusion le métal
pur se sépare des scories.

Dans quelques années, si ce mouvement con-
tinue, le nombre des contrats aura décuplé, la
méfiance injuste qui entrave le progrès des assurances sur la vie sera dissipée, et cette insti-

tution si utile sera définitivement naturalisée dans notre pays.

Il y a dans cette régénération des assurances un travail immense à faire. La matière est inépuisable. Le champ est vaste et inculte. Plus il sera cultivé, plus il produira. Nous ne craignons pas de convier à cette œuvre féconde les esprits positifs qui aiment les affaires sérieuses, morales, satisfaisantes.

Les bonnes affaires ont en effet ce caractère remarquable d'être bonnes pour tous. Les assurances sont de ce nombre. Elles sont bonnes pour les Compagnies et bonnes pour le public.

Elles sont utiles à l'individu, à qui elles offrent le moyen le plus sûr, en même temps que le plus moral, de faire fructifier ses économies dans un but de prévoyance.

Elles sont utiles à la société, qu'elles sauvegardent en favorisant l'ordre, qu'elles enrichissent en diminuant le nombre des pauvres. Rappelons-nous, en effet, cette admirable définition de la richesse donnée par G. Varennes, et qu'Achille Guillard appelle avec raison : une sanglante critique du pédantisme économique :

« *La nation la plus riche est celle qui a le moins de pauvres.* »

Elles sont utiles à l'État, qu'elles aident puissamment dans sa principale, pour ne pas dire dans son unique fonction, qui est de garantir la sécurité. Car, en arrachant l'homme à l'incertitude du sort, en l'empêchant de devenir la proie du hasard, l'assurance augmente dans une proportion énorme la sécurité, qui est le premier besoin d'une société, puisque sans elle il ne peut y avoir ni épargne ni travail producteur.

Ne cherchons pas d'autre critérium. Une institution qui satisfait à cette triple condition : d'être utile à l'individu en société, à la société elle-même et à l'État, est éminemment morale; elle est inattaquable.

« Parmi les établissements fondés sur les probabilités de la vie humaine, les meilleurs sont ceux dans lesquels, au moyen d'un léger sacrifice de son revenu, on assure son existence et celle de sa famille pour un temps où l'on doit craindre de ne plus suffire à ses besoins. Autant le jeu est immoral, autant ces établissements sont avantageux aux mœurs, en favorisant les plus doux penchants de la nature. Le Gouvernement doit donc les encourager et les respecter dans les vicissitudes de la fortune publique, car, les espérances qu'ils représentent portant sur un avenir éloigné, ils ne peuvent prospérer qu'à l'abri de toute inquiétude sur leur durée. »

Qui a dit cela ? — Laplace, à l'École normale, en 1795. — A voir où nous en sommes, on croirait volontiers que c'est lundi dernier à l'Institut.

Pour nous, économiquement parlant, l'humanité se partage en deux classes : ceux qui possèdent, ceux qui ne possèdent pas; les uns généralement amis de l'ordre, les autres plutôt partisans de la liberté, qui serait bien la plus belle chose du monde, si l'ordre n'était encore plus beau.

Or, les assurances sur la vie, en procurant la sécurité, en consolidant l'épargne, en amortissant les dettes, en constituant des patrimoines, des dotations, des retraites, etc., *créent* des valeurs nouvelles, multiplient les capitaux et les propriétaires, suivant le vœu émis par Napoléon Ier au Conseil d'État. En un mot : *elles font passer ceux qui ne possèdent pas dans la classe de ceux qui possèdent.* Donc elles enrichissent l'État, donc elles accroissent l'ordre, ce qui est toujours le vœu du Gouvernement, qui en retour leur doit toute sa sollicitude, comme le dit Laplace. Et remarquons que sollicitude, en même temps que protection, implique surveillance.

Quelques-uns ont voulu voir dans l'assurance une spéculation de la part des Compagnies ; d'autres y ont cherché pour eux-mêmes un moyen de spéculation. Disons-le très haut ; l'assurance n'est pas, ne peut pas et ne doit jamais être pour personne une spéculation. Laplace a dit : « L'assurance par laquelle on échange l'incertain contre le certain est le contraire du jeu. » Je dis plus : l'assurance est *l'antidote de la spéculation* ; j'entends la spéculation parasite, l'agiotage enfin, puisqu'il faut l'appeler par son nom.

La spéculation fomente l'inquiétude, bouleverse les fortunes, déclasse les individus, ruine les familles.

L'assurance rétablit le calme, maintient la propriété, moralise l'individu en augmentant son bien-être, et enrichit la famille.

La spéculation est immorale, subversive, spoliatrice.

L'assurance est morale, conservatrice, féconde.

L'une est aveugle comme le hasard.

L'autre est prévoyante comme la Providence.

Les majorats et les substitutions sont abolis, nous n'avons plus guère de biens inaliénables en France. — Qui sait ?... C'est peut-être à la précaution qu'auront prise leurs parents de les placer sous la tutelle de l'assurance, que les rejetons de quelques nobles familles devront un jour de ne pas se mésallier, et de ne pas se déconsidérer dans des entreprises équivoques.

Assurez-vous ! vous laisserez à vos héritiers un trésor et un bon exemple.

Disciple de l'illustre vulgarisateur de l'astronomie, nous nous proposons une tâche moins difficile, celle de vulgariser la science des assurances, convaincu que, lorsque la vérité sur ce point se sera fait jour, le succès dans l'application ne se fera pas attendre.

Cette science ne s'improvise pas. Elle repose sur la théorie des intérêts, et sur le calcul des probabilités qui a conduit Laplace à tant de belles découvertes, et auquel nous devons un chef-d'œuvre : son *Essai philosophique*.

« L'esprit, dit-il, a ses illusions comme le sens de la vue, et de même que le toucher corrige celle-ci, la réflexion et le calcul corrigent les premiers. »

Ces paroles de l'illustre géomètre doivent toujours être présentes à l'esprit de ceux qui s'occupent d'assurances. Ils ne sauraient pas plus se passer de l'analyse que le médecin ne saurait se passer de l'anatomie.

Rappelons encore aux Compagnies ce que le célèbre docteur Price disait à ce sujet en 1762 :

« Il est d'une grande importance pour la sûreté d'un établissement de cette nature que ses opérations soient contrôlées par d'habiles mathématiciens. Une déplorable expérience a montré qu'eux seuls peuvent, avec sécurité, fonder et conduire ces établissements, etc. »

Un dernier mot sur les assurances :

Quelle est la clef de voûte de cet édifice, auquel nous nous efforçons d'apporter notre pierre ? — La confiance publique.

C'est par la toute-puissance de l'exemple qu'elle s'établira. C'est aussi par le rayonnement des esprits éclairés, qui, en mettant la question dans son vrai jour, lui attireront l'attention qu'elle mérite.

Des institutions fondées seulement sur la puissance de l'accumulation, telles que la *Caisse d'épargnes* et la *Caisse des retraites*, ont conquis en France une véritable popularité. Or, les assurances sur la vie, fondées sur la double puissance de l'accumulation et de la solidarité, n'ont-elles pas une tout autre portée? Donc, pour qu'on les accueille avec la même faveur, il suffit qu'elles soient connues et qu'elles soient bien comprises.

Après tout, c'est une question d'intelligence, et les hommes intelligents ne manquent pas en France.

C'est en commençant par les enrôler et en descendant des notabilités aux masses que l'Assurance fera sa gerbe.

FIN

TABLE DES MATIÈRES

Préface.

Introduction... ix

Chapitre Ier.   — Du principe de l'assurance........   21

Chapitre II.   — De l'assurance en général.........   29

Chapitre III.   — Du jeu et de l'assurance..........   36

Chapitre IV.   — Des caractères productifs de l'assu-
                  rance.............................   54

Chapitre V.   —Les assurances sur la vie sont-elles
                  des assurances?...................   63

Chapitre VI.   — Des transactions viagères.........   72

Chapitre VII.   — De l'assurance en cas de mort. ...   80

Chapitre VIII. — L'assurance pour la vie entière est
                  un véritable placement...........   88

Chapitre IX.   — De la participation aux bénéfices..   95

Chapitre X.   — Constitution du patrimoine par l'as-
                  surance........................... 101

Chapitre XI.   — Développement du crédit par l'as-
                  surance 113

Chapitre XII.   — Du crédit viager.................. 127

Chapitre XIII. — De la garantie des créances....... 133

Chapitre XIV.   — De l'amortissement viager......... 141

Chapitre XV.   — Conclusion........................ 149

IMPRIMERIE L. TOINON ET Cᵉ, A SAINT-GERMAIN